全国老年大学统编教材

新时代老年大学

校长读本

刁海峰　主编

四川教育出版社

图书在版编目（CIP）数据

新时代老年大学校长读本 / 刁海峰主编．—成都：
四川教育出版社，2020.10
ISBN 978－7－5408－7503－9

Ⅰ．①新…　Ⅱ．①刁…　Ⅲ．①老年大学－校长－学校
管理　Ⅳ．①G777

中国版本图书馆 CIP 数据核字（2020）第 194426 号

新时代老年大学校长读本

XINSHIDAI LAONIAN DAXUE XIAOZHANG DUBEN

刁海峰　主编

责任编辑　杨　波
封面设计　张智宇
版式设计　许　涵
责任印制　田东洋
出版发行　四川教育出版社
　　　　　地　　址　四川省成都市黄荆路 13 号
　　　　　邮政编码　610225
　　　　　网　　址　www.chuanjiaoshe.com
制　　作　四川胜翔数码印务设计有限公司
印　　刷　天津科创新彩印刷有限公司
版　　次　2020 年 12 月第 1 版
印　　次　2020 年 12 月第 1 次印刷
成品规格　170mm×240mm
印　　张　18.25
字　　数　220 千
书　　号　ISBN 978－7－5408－7503－9
定　　价　48.00 元

如发现质量问题，请与本社联系。总编室电话：（028）86259381

全国老年大学统编教材
编委会

本书编委会

主　　编：刁海峰

编　　委（按姓氏笔画排序）：

王玉珍　尹明志　白向华　白新睿　刘凤满

孙　峰　杨传柱　何　云　何天维　张丽华

周　炜　周朝东　高开华　郭　锋　崔玉忠

蒋海鹰　熊仿杰　潘永明

总　序

由中国老年大学协会组织编写的全国老年大学通识课程教材即将面世，这是我国老年教育和老年大学发展史上一件具有开创性意义的举措。

我们国家的老年教育，在党和政府的高度重视以及社会各界的广泛参与下，适应了老龄社会发展和老年群体需求，一直保持着健康快速的发展态势，并逐步取得了令世人瞩目的巨大成就。党的十八大以来，习近平总书记多次发表重要讲话，指出人口老龄化事关国家发展全局和亿万百姓福祉。强调要坚持党委领导、政府主导、社会参与、全民行动相结合，推动老龄事业全面可持续发展。党中央、国务院陆续公布实施的《老年教育发展规划（2016—2020 年）》《老龄事业“十三五”规划》《加快推进教育现代化实施方案（2018—2022 年）》等重要文件，对做好老龄工作、发展老龄事业作出了新的重大部署，对老年教育发展制定了明确的规划，有力地推动了我国应对人口老龄化的全面工作。目前我国老年教育的发展和老年大学的工作，已经呈现出党政主导、社会参与、多方支持的大好局面。

中国老年大学协会作为国家民政部所属的社会组织，自 1988 年 12 月成立以来，认真贯彻落实党和政府关于老年教育的方针政策，充分发挥桥梁纽带和凝聚作用，广泛联系各地老年大学、老年学校，大力宣传“增长知识、丰富生活、陶冶情操、促进健康、服务社会”的老年大学办学宗旨，促进各地老年大学、老年学校在办学原则、培养目标、专业设置、课程安排、学校管理等一系列重大办学方向问题上统一思想，形成共识，对我国老年教育事业的巩固与提升，发挥了导向性的作用。特别是积极贯彻党的十八大、十九大精神，落实新时代老年教育规划目标任务，组织老年大学认真学习习近平新时代中国特色社会主义思想，探讨老年教育发展的新机制和新路径，开创老年教育发展的新格局，推动老年大学工作迈上了一个新台阶。协会自身发展也进入了一个新阶段。

建立并逐步完善科学、适用、可行的老年大学特色课程体系，设计、构建与社会发展大环境相匹配的具有老年大学特色的通识教材，是中国老年大学协会一直坚持的目标，也是众多老年大学、老年学校一致的企盼。首批五本通识教材——《树立和培育积极老龄观》《新时代老年大学校长读本》《老龄金融》《老年健康教育与管理》《老年人权益保障法律实务》——从选题立意到内容编排，都体现出创新意识和独特见解，令人耳目一新，为之一振。希望老年同志们从中汲取营养，幸福地度过晚年；希望中国老年大学协会再接再厉，为老年人做出应有的贡献！

顾秀莲

2020 年 8 月 20 日

目 录

第一章
老年教育的基本理论

第一节　老年教育的本质与目的

一、老年教育的基本内涵

（一）老年教育定义的认知

国内对老年教育的定义主要有以下几种：一是《新编老年学词典》（李旭初等，武汉大学出版社，2009 年）将老年教育表述为“由教育者按照一定的社会要求，向老年人施加有目的、有计划、有组织的影响，以使他们的身心发生预期变化的活动”；二是《老年教育学通论》（叶忠海主编，同济大学出版社，2014 年）认为老年教育是“按老年人社会发展需要，有目的、有组织地为所属社会承认的老年人所提供的非传统的具有老年特色的终身教育活动”；三是《张文范论老年教育》（天津老年人大学研究室编印，2009 年）认为“它是老年人在新的社会化过程中的自我完善、自我超越的有目的的学习活动，是老年人提高自身生命质量和生活质量，适应时代和社会需求的素质教育活动”。

（二）老年教育内涵的基本元素

学者们对老年教育内涵的表述虽然不尽相同，但对其所包含的基本元素的认知大体相同或相近。这些基本元素主要有：

一是老年教育的对象包括即将退休和已退休的老年人，有些职业不存在退休，如农民、自由职业者等，所以老年教育对象涵盖所有的老年人；二是老年教育涉及的内容是广泛的，它包括健康养生教育、娱乐休闲教育、文化素养教育、知识技能教育、社会服务教育、现代科技教育、生活生命教育、各类鉴赏教育等；三是老年教育是终身教育体系的重要组成部分，它是终身教育体系中老年阶段一切教育的总和，应包括不同性质、不同类型、不同层次、不同形式的老年教育；四是老年教育是促进积极老龄化、提高老年人生活生命质量、推进社会和谐发展的终身教育活动过程。

综上所述，可以对老年教育作如下界定：以老年人为教育对象，满足其各类教育需求，通过多种路径提高老年人个体生命质量并推进社会和谐发展的终身教育活动过程。

二、老年教育的本质属性

（一）教育本质释义

教育是人类特有的社会现象，是培养人的一种社会活动，《新编教育学教程》（叶澜主编，2006 年）中对教育的定义是“教育是有意识的以影响人的身心发展为直接目标的社会活动”。教育的本质是依社会需求增长人们的知识、培养人们的技能、促进人们身体健康和改变人们思想意识的过程。

（二）老年教育的本质

教育与老年教育的共通之处在于它们都具有转变人的思想意识、提升人的内在素质、促进人的不断成长的本质属性。然而老年教育又不同于一般意义上的教育，老年教育的特殊性体现在教育对象的“老年性”上。从某种意义上说，“老年性”是老年教育的本质属性，它使老年教育产生一系列有别于一般教育的本质属性。一是“教育对象的老年性”，主要表现为：生理机能明显退化，能力缺失风险加大，记忆力衰退等。二是“教育活动的老年性”，老年人身心发展有其特殊性，学习需求也与其他年龄段的学习者不同，教育活动的组织安排应从老年人身心发展特点和需求出发。三是“教育方法的老年性”，老年人记忆力衰退，动脑动手能力相对减弱，在教育教学方法上，拟以通俗易懂、简便易记、循序渐进、经常反复的方法达到教育的实效。

三、老年教育的目的

（一）教育目的及其内容结构

教育目的指社会对教育所要造就的社会个体质量规格的总体设想或规定，这历来是教育最为关注的核心问题。教育目的的内容结构由个体目的和社会目的两部分组成。个体目的即指受教育者在德智体美劳诸方面都得到发展，社会目的就是在教育目的上对教育对象的社会价值做出规定。它指教育要合乎时代发展趋势和国家发展的需要，把受教育者培养成为符合社会准则的人。教育目的对教育实践活动起着指导、调节、统摄、评价的作用。

（二）老年教育目的的表述

老年教育的目的是指老年教育对所造就的社会个体质量规格的总体设想或规定，即要回答老年教育“干什么”的问题。老年教育有体现教育目的的一般追求，即促进人的自由全面发展；更有体现老年教育目的的特殊追求，即完善人生、提高生命质量、创造晚年幸福。

老年教育的内容结构亦由个体目的和社会目的两方面构成。个体目的是满足老年族群各类教育需求，其主要表现是生活性的，而不是事业性的；是轻松休闲性的，而不是紧张繁忙性的；是文化精神性的，而不是功利性的；是享受性的，也是付出性的。也就是说，老年个体教育的目的是为了生活的充实快乐和完善人生、提高生命质量。老年教育的社会目的则是培养适应时代步伐、参与社会发展、素质全面提升的现代老人，推进积极老龄化的社会实践。

老年教育的目的可简要表述为：满足老年学员提高自身素质、实现颐养康乐、追求进取有为的需要；使他们完善人生，提升生活生命质量，再创生命精彩，安享晚年幸福；引导他们积极参与社会发展，成为适应时代发展的现代老人、文明长者。实现老年教育目的的过程是有效推进积极老龄化社会实践的过程。

第二节　老年教育的价值

一、教育价值及对老年教育价值的认知

“教育价值”是指教育活动的有用性或者说是效用性，即教育主体对教育客体能否满足其需要和在多大程度上满足需要的实际效用。可从不同视角研究教育价值的效用，如教育的内在价值和外在价值、教育的专门价值和公共价值、教育的个人价值和社会价值等。

老年教育价值是指老年教育活动的有用性或效用性。老年教育的目的是既要培养完善自我、全面发展的老年人，又要满足现代社会发展对老年人的要求。老年教育要实现这双重目的，必须很好地挖掘老年教育的个体价值和老年教育的社会价值。

二、老年教育的个体价值

（一）老年教育个体价值的内涵

老年教育个体价值就是通过老年教育活动达到或实现老年人个性化发展的目的。通过老有所教、老有所学、老有所乐、老有所为，提升人生价值，促进人的全面发展，达到实现老年教育个体价值之目的。

在老有所教中体验适合年龄、适合时代特点的教育的价值。

老有所教主要指制度层面的设计，教育内容、教学方法、管理模式等应是针对老年群体的。老年人享有适合老年年龄特点、适合时代发展特点的教育，这是老年教育个体价值得以实现的基础。

在老有所学中实现健脑增识、增长才艺的价值。老年大学、老年学校、社区教学点、远程教育等各类老年教育机构的建立，使老年人能够依据自己的需求选择相关的课程进行学习。这是老年教育个体价值实现的基本条件。

在老有所乐中实现宽达胸襟、延年益寿的价值。老年人融入社会、自愿接受各类教育的过程是一个快乐学习的过程。学习的互动、社会的交往、知识的输入、文化的内修拓展了老人们的视野，使其情绪舒畅，让老人们在老有所乐中实现宽达胸襟、延年益寿的目标。

在老有所为中实现服务社会、利人美己的价值。老年人需要用自己的作为造福社会和后人。正如歌德所言："您若要喜爱自己的价值，您就得给社会创造价值。"老有所为不仅可以使老人们获得自我满足，更体现了对社会的奉献。

（二）老年教育个体价值发展的条件

老年教育个体价值的发展得益于"老有所教、老有所学"社会制度的确立，得益于我国社会政策对于老年教育事业的大力支持，得益于各类老年教育机构的快速发展和努力实践，也得益于老年群体的积极参与和有效行动。

三、老年教育的社会价值

（一）老年教育社会价值的内涵

老年教育的社会价值就是通过老年教育活动满足社会对于老年教育的价值需求，达到或实现我国老年教育对社会发展的多重价值。

社会对老年教育的价值要求主要体现在两方面。一方面，社会要求大力发展老年教育事业。首先，发展老年教育事业是老龄化社会的价值需求，老龄化社会要求大力发展老年教育。其次，发展老年教育是构建学习型社会、提高全民族文化素质的时代要求。学习型社会的构建，要求全体公民、每个个体生命的全过程都必须接受教育，都有权利进行学习。老年教育是教育不可缺少的重要组成部分。最后，老年教育是建设社会主义和谐社会的重要因素。搞好老年教育，提高老年人文化素质，凝聚起老年群体的正能量，可以为构建和谐社会打牢基础。另一方面，社会要求老年教育为社会发展做贡献。首先，老年教育在综合治理老龄化带来的社会问题、促进社会稳定发展方面可以起到积极的作用。老年教育可以使老年群体产生健康积极的精神追求，有利于形成良好的社会风气，为维护社会稳定做出贡献。其次，老年教育在发展与传播先进文化、维护老年人受教育的合法权益方面发挥着积极作用。老年教育不受专业设置、学历年限、职业需求、职务职称等因素的限制，可在文学、诗词、历史、书法、国画、摄影、京剧、舞蹈、声乐、器乐、卫生保健等诸多领域做出贡献。最后，老年教育在创新教育类型、完善终身教育体系方面发挥着积极作用。各级各类各种体制老年大学、老年学校成为老年教育的主要形式。它填补了学校教育系列在老年阶段的空白，不仅为老年人提供了一个汲取知识、加强修养的场所，还为老年人提供了比较规范的老年教育环境，包括开放、灵活、多层次的教育体系和远程网络化教学、简便多样的学习途径等。

（二）老年教育对社会发展的多重价值

老年教育对社会发展具有政治、文化、教育等多重价值。就政治价值而言，我国的离退休干部数量庞大，老党员占党员总数的比例达到15％以上，社会老人在2019年底已近2.5亿，约占总人口的18.1％。如此庞大的特殊群体，在政治上具有重要意义。老年人，特别是其中的老干部、老知识分子进入离退休状态，取得了自由发言权，有更多的时间和精力向社会舆论传输政治观点、学术见解、批判意见等，会在社会产生广泛影响；就文化价值而言，老年教育机构是把对中国传统文化的教育、对近现代新文化的承续、对西方先进文化或中性文化要素的吸纳三者结合的学习园地，又是从事历史研究、文学写作、美术创作、文艺展演等各种文化活动的舞台，还是信息技术等现代科学技术普及的通道，同时也担负着弘扬社会主义核心价值观的重要责任；就教育价值而言，老年教育事业的兴起扩展了教育领域，改变了我国教育事业的面貌。它是终身教育体系形成的标志，也是一个国家或地区建成学习型社会的重要标志。

（三）影响老年教育社会价值实现的相关因素

影响老年教育社会价值实现的主要因素有：国家对老年教育

发展规划的制订和实施情况；国家为发展老年教育在人才、资金、政策等资源配置上的供给情况；国家为适应老年教育事业发展培植的生态环境；社会各界探讨老年教育社会价值实现的多种路径等。

第三节　老年教育对象的基本特点

一、老年人在不同年龄段的生理特点

老年教育对象是老年人。国际上通行以 60 岁或 65 岁作为老年人的年龄界限。发达国家老年人一般是 65 岁以上，发展中国家一般是 60 岁以上。世界卫生组织（WHO）1995 年对老年人的划分是：60 至 74 岁为年轻老年人，75 至 89 岁为老年人，90 岁以上是长寿老年人。

（一）不同年龄段老年人感知觉特点

老年人的感知觉随着年龄的增长逐渐衰退。在视觉上，老年人的视力在 60 岁以后急剧衰退。据统计，70 岁健康老年人的视力超过 0.6 的只有 51.4%，其中近距离视力比远距离视力减退得更为明显，即“老花眼”很普遍。在听觉上，老年人对声音的辨别能力也在减弱，特别是在有噪音背景的情况下更甚。在味觉上，老年人对甜、酸、苦、辣、咸五种味觉要素的敏感程度都会减退。再美味的食品因味觉敏感的降低都变得乏味了。总之，当人步入老年后，随着感知觉的逐渐退化，大脑接受信息的速度变慢，对

外界事物的认知加工变得有限。

（二）不同年龄段老年人的运动生理特点

在运动生理学上，肌肉有“用进废退”的原理。人随着年龄的增长，运动系统的变化特别明显，研究发现，从 30 岁开始人的肌肉就会逐年减少，50 岁时肌肉就开始快速减少。主要表现为肌纤维变细，弹性变差，耐力、控制力减弱，肌肉的力量开始衰退，肌肉出现疲劳。骨骼的变化表现为骨质和无机盐逐渐丧失，出现骨质疏松。而肌肉、骨骼的老化造成老年人行动不便，使老年人很容易出现肌肉拉伤、骨折等情况。再者肌肉减少会加重关节的负担，使人易患关节疾病。人体运动系统的老化过程因人而异，自然老化所占的比例较小，主要原因是缺乏运动。因此，对老年人而言应高度重视肌肉的储存，经常参加适当的体育锻炼，通过运动来减缓肌肉减少的速度。

（三）不同年龄段老年人身心变化的特点

随着年龄的增长，老年人肌体会发生分子、细胞、器官和全身的各种退行性改变，这些变化是正常的，属于生理性的改变。生理上的退行性变化不仅会造成身体的诸多不适、行为的诸多不便，也使心理产生变化。在智力方面，由于反应速度减慢，在限定的时间内学习新知识、接受新事物的能力较年轻人低；在记忆方面，由于记忆能力下降，以有意识记忆为主、无意识记忆为辅；在思维方面，个体差异较大；在特性或个性方面，会出现因孤独、任性、把握不住现状而产生怀旧、焦虑、烦躁等问题，老年人的这些特点正是在老年教育中必须认真关注的。

二、老年人的心理需求

马斯洛的“需求层次理论”和麦克拉斯基的老年教育“需求理论”等，是研究分析老年人需求的支撑理论。

（一）马斯洛的需求层次理论

需求层次理论是由美国心理学家亚伯拉罕·哈罗德·马斯洛（Abraham Harold Maslow，1908—1970）于1943年在其论文《人类激励理论》中提出的。在该文中他将人类需求从低到高分为五个层次，分别是：生理需求、安全需求、归属和爱的需求、尊重需求和自我实现需求。

生理需求指人们维持自身生存的最基本要求，包括对食物、空气、水等方面的需要，是推动人行动的强大动力。安全需求是生理需求的延伸，人在生理需求得到满足后，便会产生安全的需要，包括生命财产安全、健康保障、生活工作环境安全稳定等。归属和爱是较高层次的需求，包括被别人认可、爱护、赏识等，主要表现为对亲情、友情、爱情等的需要。尊重需求是个人希望得到他人对自己的认可与尊重，从而感到满足和自信。自我实现的需求是人的最高层次的需要，也是人最高品质的体现。作为社会中的人，需要在发挥自己的才干和潜能中不断实现自我存在的价值。

马斯洛把生理需求、安全需求、归属和爱的需求、尊重需求称之为缺乏性需求，只有在满足了这些需要时，个体才能感到基本舒适。他把自我实现需求、自我超越需求称之为成长型需求，它们主要是为了个体的成长与发展。老年人多追求精神层面的提升，这应当属于尊重需求和自我实现需求。因此，老年教育既要满足老年人的缺乏性需求又要满足其成长性需求。

（二）麦克拉斯基的老年教育需求

美国老年教育学学科发展的开拓者和奠基人之一的霍华德·麦克拉斯基（1900—1982）专门研究了老年人的教育需求。他认为老年人有五个层次的教育需求。即应付需求、表达需求、贡献需求、影响需求、超越需求。

应付需求，与老年人掌控生活的能力有关，即能否控制自己的生计、生活等，包括最低限度的识字率和自给自足水平。如果这些需求得不到满足，老年人就没有多余的精力来满足自身更多的需求。

表达需求，即为了实现自己的目的而进行的活动，通常每个人都需要时间来进行一些意愿表达的活动，例如“为了活动带来的乐趣而参与活动的需求”。

贡献需求，即大多数人都有为他人服务的愿望，在满足自我或应付需求之外利用多余的精力来服务社会。贡献需求与利他欲望、促进共同利益、给予他人时间和关爱有关。

影响需求，即老年人也有通过自己的能力影响社会进而使社会或周围环境发生有意义的改变的需求。

超越需求，即每个人都有将生命的意义作为一套与个人生活阅历相关的价值观和信念体系来被分析的需求，以此更深入地了解生命的价值，学会平衡（生活）负担和能量。

以上五项需求，前两项是为己的生存需求，后两项是为他的社会需求，而最后一项则是为己与为他融为一体的发展需求。

马斯洛的需求层次理论对人生的五个层次的需求做了透彻的分析，不同层次需求拾级而上呈现金字塔状；麦克拉斯基的老人教育需求本质上与马斯洛的需求层次理论相通，但更突出老年人对教育的需求。这两个理论给我们的启示是：老年人也具有学习的能力和需求；老年教育课程应根据需求分类理论合理设置。

第四节　老年教育的发展规律

规律是事物内部的本质联系，这种联系不断重复出现，在一定条件下经常起作用，并决定事物的发展方向。

一、老年教育与社会生产力和科技发展水平相适应

生产力和科技发展水平是老年教育发展的物质基础，生产力和科技发展水平越高，老年教育发展的空间越大。为什么说老年教育与一定社会生产力和科技发展水平相适应是一条规律呢？首先，老年教育的产生与发展受一定社会生产力和科技发展水平的制约。其次，老年教育的办学规模和形式以及教学的内容和手段，同样受生产力和科技发展水平的制约。最后，老年教育对社会生产力和科技发展有积极的推动作用。

二、老年教育与社会经济、政治、文化制度紧密相联

为什么说老年教育与社会经济、政治、文化制度紧密相联是一条规律呢？首先，老年教育以老年人所处的社会经济、政治、文化的发展环境为基础，老年教育的办学方向、指导思想、教育目标、领导力量、思想教育内容、服务对象等都与一定社会经济制度、政治制度和文化制度紧密关联。其次，老年教育不仅受一定社会经济、政治、文化制度制约，而且它又服务于一定的社会经济、政治、文化制度，并对其巩固起促进作用。社会生产力和科技发展水平是老年教育的物质基础，它为老年教育的发展提供了某种可能性，要将可能性变为现实，还必须通过一定的经济、政治、文化制度来实现。我国兴办老年教育虽迟于发达国家，但30多年来的老年教育发展速度和办学水平并不亚于发达国家，更领先于许多发展中国家，这正得益于我国的社会主义经济、政治、文化制度。

三、老年教育与老年人的需求和身心发展特点相互促进

老年教育与老年人的需求和身心发展特点之间有着内在的必然联系，即两者相互促进。老年教育的功能决定了老年教育是一切从老年人的特点和实际需要出发而办的教育，是一种改革创新的教育，只有满足老年人的特殊需要和适应老年人的身心特点，

老年教育才会得到老年人的普遍认可。同时研究老年人的需求，探讨适应老年人身心发展特点的教育教学又可以有效地推动老年教育的发展。

四、老年教育自身从初创到形成体系的发展过程

老年教育经历了由少数到普及、从初创到形成体系的发展过程。我国老年教育的发展以各级各类老年大学、老年学校的创办数量越来越多、规模越来越大为标志。自1983年山东第一所老年大学创办以来，我国老年教育机构从无到有，从少到多，从小到大，不断发展壮大起来。老年教育经历了几个转型过程：一是由面向特定人群到面向全体老年人的对象扩展过程；二是从一元化办学到多元化办学的资源供给扩大过程；三是由管办合一到管办分离的管理体制上的转型过程；四是从混一型老年教育向层次型老年教育的层次提升过程。

▶参考资料

［1］陆剑杰. 老年教育学［M］. 南京：河海大学出版社，2018.

［2］罗炳权，陆剑杰. 老年教育学学理探索［M］. 南京：南京出版社，2008.

［3］中国老年大学协会课题组. 中国老年教育学若干问题研究［M］. 银川：阳光出版社，2012.

［4］叶忠海. 老年教育若干基本理论问题［J］. 现代远程教育研究，2013（6）.

[5] 张纯元. 论中国的老年教育 [J]. 北京大学学报（哲学社会科学版），1989 (6).

[6] 黄育馥. 美国社会老年学理论浅谈 [J]. 国外社会科学，1984 (11).

[7] 晋铭铭，罗迅. 马斯洛需求层次理论浅析 [J]. 管理观察，2019 (16).

[8] 段世江，张辉. 老年人社会参与的概念和理论基础研究 [J]. 河北大学成人教育学院学报，2008 (10 卷) (3).

[9] 唐仲勋，叶南客. 国外老年社会学的七种理论模式 [J]. 国外社会科学，1988 (11).

[10] 张飞，江丽. 霍华德·麦克拉斯基老年教育思想研究及启示 [J]. 成人教育，2020 (2).

[11] 武晓兰，武亚军. 从运动生理学角度论老年人体育锻炼的意义 [J]. 黄山学院学报，2011-6.

[12] 郅玉玲. 简析老年人的身心特征 [J]. 资料通讯，2006 (5).

第二章
我国老年教育的历史、现状与未来

习近平总书记在党的十九大报告中，郑重地宣示“中国特色社会主义进入了新时代，这是我国发展新的历史方位”。毫无疑问，中国老年教育随着社会发展也进入了新时代。立于新时代的潮头，我们仍需回望老年教育发展近四十年来不平凡的发展历程，梳理老年教育诞生以来的成就与经验、存在的问题与挑战、发展的机遇与趋势。这是老年教育持续发展的基础和条件。历史照亮未来依靠的是经验和背后的规律。了解历史才能把握当下，镜鉴历史才能走向未来。

第一节　我国老年教育的发展历程

一、我国老年教育兴起的国内外背景

我国老年教育的兴起，是与当时的国内、国际环境密切相关

的；其后的各个发展阶段，与当时社会的政治经济等现实状况也是分不开的。研究我国老年教育兴起的背景，纵观其发展历程，是实现我国老年教育优质发展的基础。

（一）老年教育兴起的国际背景

随着社会经济的发展和人类文明的进步，银发浪潮席卷世界各国，这是人类社会发展之必然。1973 年，世界上第一所老年大学——“第三年龄大学”（University of Third Age，简称 U3A）于法国图卢兹大学（University of Toulouse）成立，第三年龄大学的成立成为国际老年教育兴起的标志。

1. 人口老龄化趋势的显现

老龄化社会是发展老年教育的人口基础。老龄化是指总人口中老年人口比重上升的过程，以老年人口占总人口的比重来表示社会的老龄化水平。联合国于 1956 年发表《人口老龄化及其社会经济后果》，提出老龄化国家和地区的划分标准为：65 岁及以上老年人口比重达到 7%，该国家和地区称为老年型国家和地区，也称为老龄化国家和地区。按此标准，1865 年，法国 65 岁及以上人口占总人口的比重超过 7%，成为世界上第一个老龄化国家。法国成人教育专家研究认为，老年教育是应对老龄化切实可行的方案。法国图卢兹大学的皮埃尔·维拉斯教授于 1973 年在图卢兹大学创办了世界上第一所第三年龄大学。第三年龄大学在法国一经出现，欧美许多国家的老年教育便迅速发展起来。世界人口老龄化的趋势，构成了国际社会老年教育发展的巨大推动力。

1982 年，联合国第一届老龄问题世界大会发布了《老龄问题维也纳国际行动计划》，为适应发展中国家和地区的需要，确定

60岁及以上人口为老年人，老年人口占总人口10%以上的为老龄化国家或地区，据此，形成了目前世界通行的老年人和老龄化国家的双重指标，即60岁及以上人口达到10%，或65岁及以上人口达到7%即为老龄化国家或地区。我国采用的是60岁及以上人口达到10%的标准。1999年10月，我国60岁及以上人口达1.26亿，占全国总人口的10%，正式进入老龄化国家行列。

20世纪70年代以前，我国人口老龄化的趋向尚不明显。随着我国计划生育政策的推行，进入80年代，人口老龄化的趋势日益突出。从1982年到1990年，60岁以上人口平均增长率较快，达到3.36%。人口老龄化的问题也不可避免地摆在了我们面前。老龄化趋势的凸显成为我国老年教育诞生的基本条件。

2. 终身教育思想的引入

1965年，法国成人教育专家保罗·郎格朗在联合国教科文组织召开的巴黎国际成人教育大会上，向会议提交了《关于终身教育》的提案，正式提出了“终身教育”的概念。自此，终身教育作为一种国际化的教育思想被正式确立起来，一个终身教育的时代来临。保罗·郎格朗的代表作《终身教育导论》于1970年出版后被译为20多种文字流传于世，在世界各国引起了巨大反响。终身教育强调教育不只限于某个年龄阶段，而是贯穿于人的一生。这是老年教育得以兴办和发展的理论依据。

3. 世界各国老年教育实践的启发

1973年法国首创第一所第三年龄大学，随后第三年龄大学的理念传遍了欧洲各国，波兰、瑞典、比利时、荷兰、瑞士、意大利、西班牙、英国纷纷出现了老年教育的各种形式。与此同时，老年教育理念很快跨越大西洋，传到加拿大和美国，第三年龄大学随即在美国、加拿大兴起。1975 年，世界上第一批第三年龄大学代表，在法国图卢兹举行了首届第三年龄大学国际会议。在这次会议上成立了国际第三年龄大学协会。现在该协会仍是宣传推动老年教育在各国发展最有影响、最具活力的国际组织。

在亚洲，日本是最早重视老年教育的国家。20 世纪 50 年代，日本就具有老年大学的雏形，即老年俱乐部和乐生学园。到 60 年代，日本的老年教育便蓬勃发展起来。到了 80 年代，日本的高等教育机构也开始对老年人开放。日本老年教育机构种类很多，从名称上就可见一斑，除叫老年大学外，还有长者学园、高龄者学堂、长寿学园、银发学院，还有老年人寄宿所等。

韩国最早的老年人教育专门机构是 1972 年建立的首尔终身教育学院。此后，各种老年人团体、社会服务团体、宗教团体、教育机构以及民间教育机构等也纷纷加入老年教育活动。韩国老年人研究中心的调查结果显示，仅首尔就建立了 230 多所老年学校。

世界各国老年教育的开展，对我国老年教育的兴起具有启发作用。

（二）老年教育兴起的国内背景

1. 干部离退休制度改革的催生

中国老年大学的产生与我国干部制度改革有直接关系。1982 年我国开始废除领导职务终身制，全面实行按年龄强制退休制度。老干部、老知识分子、老职工纷纷从工作岗位上离退休，特别是老干部因政策原因出现短时期内大批量集中离退休的情况。据统计，1982 年仅山东省离退休老干部就有 27 万，这在客观上形成了老龄问题。当时，老干部们骤然离岗，他们在角色转换和生活适应方面产生了一些心理问题和社会问题，亟需建立一种新的生活方式，以消除失落感、空虚感、寂寞感。同时他们又有着学习新知识、追求新生活的强烈愿望，因此安顿好老干部的晚年生活，成为当务之急。在这种背景下，老年大学在山东济南应运而生。

1983年6月4日，我国第一所老年大学——山东省红十字会老年人大学（山东老年大学前身）在山东济南成立，开启了中国老年教育的先河，成为中国老年教育兴起的标志。随后，在全国范围内，许多省市纷纷效仿山东，短短几年，老年大学如雨后春笋般大量涌现。与此同时，各地各级党和政府及社会各界无论在解决校舍和经费等问题上，还是在解决师资和课程等一系列教学问题上，都给予了重视、扶持和支援，为我国老年教育这一新生事物的诞生和成长，创造了良好的环境和适宜的土壤，老年教育的雏形就此基本形成，并在此基础上不断壮大成长至今。

2. 改革开放及经济条件的具备

纵观世界老年大学发展史，一般是在形成老龄化社会之后，才有老年大学的产生和发展。法国在成为老龄化国家100年后的1973年，诞生了世界上第一所老年大学。我国成为老龄化国家是在1999年，而第一所老年大学的出现却是在成为老龄化国家之前的1983年。当时我国60岁及以上老龄人口仅占总人口的7.6%；到1999年进入老龄化社会时，我国老年大学已诞生了16年并遍布全国。为什么我国老年大学会出现在进入老龄化社会之前？除了受国外老年教育发展的启示外，一个重要原因就是我国从20世纪70年代末开始的改革开放，成为我国老年大学产生和发展的契机。首先，改革开放使人们开阔了眼界，解放了思想，帮助人们正确地理解和解决发展中的一系列新问题。因此在实行干部制度改革之初，老龄化问题突然出现在人们面前之时，一批老同志从我国的实际出发，大胆借鉴外国做法，为退出工作岗位的老年人安排学习型的有意义的晚年生活，对老年大学的诞生起了催化作用。其次，改革开放开始后的短短几年，我国经济增长速度迅速加快。其间 1978 年到 1988 年经济增长率为 10.1%，1988 年到 1998 年增长率为 9.5%。经济增长使人民收入增加，生活水平提高。在城市（尤其是大、中城市）的老年人，绝大多数生活是有保障的。尽管我国属发展中国家，经济尚欠发达，但人民的生活水平逐年提高。养老、医疗保障制度日益完善，多数老年人的生活基本需求得到了满足。老年人在物质生活水平达到一定程度之后，精神生活方面的需求就成为重点追求的目标。这是老年大学发展的重要原因。

3. 社会与老年人双重发展的需要

社会发展和老年人自身发展的双重需要是老年教育发展的根本动力。从当时社会发展的层面看，发展老年教育是发挥老年人稳定社会作用的需要；是社会经济可持续发展的需要；是弘扬传统文化、加强精神文明建设的需要；是构建终身教育制度和学习型社会的需要。从老年人自身发展需要的层面看，发展老年教育是满足老年人追求精神生活的需要；是维护老年人受教育的合法权益的需要；是老年人自我完善、自我实现的需要；是老年人提高生命、生活质量的需要。社会发展与老年人自身发展的双重需要为老年教育的兴起和发展提供了源源不断的发展动力。

二、我国老年教育发展的历史阶段

我国老年教育从诞生至今不到40年，与其他类型的教育相比，仍处在初级阶段；然而，就老年教育自身发展历程而言，依然存在着明显的阶段性发展特征。其大致经历了三个阶段。

（一）开创起步阶段（1983年9月—1996年7月）

这一阶段的起点是中央作出废除领导职务终身制的决定；标志是第一所老年大学的诞生。

1982年2月20日，中共中央发布了《中共中央关于建立老干部离退休制度的决定》，使大批老干部短时间内集中离职休养。这在客观上形成了老龄问题。1982年4月，国务院批准成立了中国老龄问题全国委员会，并印发了《关于老龄工作情况与今后活动计划要点》的通知，适时提出了“老有所养、老有所为、老有所医、老有所学、老有所乐”的综合治理老龄问题的工作方针。1983年6月山东省率先创办了中国第一所以离休老干部为对象的老年大学。1984年，又有哈尔滨、南京、北京、广州等地相继创办了老年大学。到1985年，全国已有老年大学61所，学员4万余人。至此，中国老年教育迈出了历史性的第一步。

1985年12月，党和国家领导人接见“全国老年大学经验交流会”的代表，指出，“我国老年大学是新生事物，是我国教育事业的一大创举”，“党和国家应该给予支持，应该不断总结经验，使它能够完善起来”。自此，中国老年教育开始得到党和政府的关注和支持。到1988年年底，短短5年时间，全国老年学校已发展到 916 所，在校学员 12.48 万人。1988 年 12 月，经国务院有关部门批准，全国老年大学代表大会在武汉召开，宣布中国老年大学协会正式成立。中国老年大学协会成立后，积极总结初创经验，探讨指导思想，加强校际交流，通过协会的联络、协调，全国的老年教育又获得整体性推进。1996 年 11 月，中国老年大学协会在福州召开二届二次理事会暨华东地区老年教育第八次协作会议，提出了著名的“20 字办学宗旨”，即“增长知识，丰富生活，陶冶情操，促进健康，服务社会”。之后，这一宗旨在全国老年大学中基本形成共识，并一直沿用至今。

在 1983 年 9 月到 1996 年 11 月的 13 年间，全国老年大学（学校）从无到有，从 1 所发展到 8 300 多所，在校学员将近 70 万人。这一阶段老年教育的对象，主要是离退休干部及部分老知识分子，休闲娱乐性是这一阶段老年教育的显著特点。

（二）探索扩展阶段（1996 年 8 月—2010 年 6 月）

这一阶段的起点是国家颁布《老年人权益保障法》；标志是各级各类老年教育机构向所有老年人开放。

1996 年 8 月，第八届全国人大制定了《中华人民共和国老年人权益保障法》。其中明确规定，“老年人有继续受教育的权利”，“国家发展老年教育，鼓励社会办好各类老年学校”，“各级人民政府对老年教育应当加强领导，统一规划”。这标志着我国老年教育走上了依法治教的新阶段。从此，老年教育不但有了直接的法律依据，而且开辟了广大社会老人进入老年教育的新阶段。1999 年 10 月，我国正式进入老龄化国家行列。同时，全国老龄工作委员会（简称“老龄委”）成立，相关领导同志在“五个老有”基础上，强调“老有所学，老有所教”。2000 年 8 月 19 日，中共中央、国务院印发《关于加强老龄工作的决定》，强调要“满足老年人的精神文化需求，丰富老年人的精神文化生活”，“各地要重视发展老年教育事业”。此后，组织部、文化部、教育部、民政部、全国老龄办联合下发《关于做好老年教育工作的通知》。2005 年 11 月，中国老年大学协会在天津召开第三次会员代表大会，提出“要用科学发展观统领老年教育发展”，强调坚持“在创新中发展，在发展中创新”等新的理念。2008 年，中国老年教育发展 25 周年，中国老年大学协会开展了一系列纪念活动，探讨 25 来中国特色老年教育的基本规律和基本理论，总结基本经验，进一步推动了我国老年教育的健康发展。

这一阶段老年教育的教育对象由离退休老干部逐步转向社会所有老年人，为了满足所有老年人的学习需要，老年教育在覆盖面和规模上得到迅猛扩展，逐步向高校、企事业单位、县（市、区）及街道（乡镇）延伸。1996 年，上海市开办了空中老年大学，吸引了 30 多万老年人参加学习，极大提高了老年教育的普及率，自此，远程老年教育成为新的老年教育形式而备受老年人推崇。1998 年新疆 5 个地州办起了少数民族老年大学。2005 年，西藏老年大学挂牌成立，少数民族地区的老年教育也逐渐发展起来。至此，全国 34 个省级行政区，即 23 个省（包括台湾地区）、4 个直辖市、5 个自治区、2 个特别行政区（港、澳）均已建起了老年大学，形成省级行政区老年教育全覆盖的局面。截至 2010 年，老年大学（学校）数达到 4 万多所，在校学员数达到 400 多万人次。与这一阶段初期的 1996 年相比，老年学校数量由不到 1 万所发展到 4 万多所，增长了 3 倍多；学员数由近 70 万人发展到 400 多万人，增长了近5倍。

这一阶段老年教育处于转型过渡时期，由初创时期主要面向离退休干部逐渐转变为面向全社会老年人；由休闲娱乐性质逐渐向教育性质转变。这一阶段以人为本、创新发展的理念，为老年教育发展指引了新的发展方向；老年教育25周年的全面回顾和总结，将老年教育实践经验提升到理论层面。老年大学的规范化建设、现代化建设的引领等，都体现出老年教育在健康的道路上又好又快地发展。中国老年教育已经初步形成了一个全方位、多层次、多学科、多功能、开放式的教育教学体系，并总结出了许多宝贵的经验，初步创立和基本形成了具有中国特色的老年教育体系和制度。

（三）规范发展阶段（2010年7月至今）

这一阶段的起点是国家首次将“重视老年教育”写入国家中长期教育规划纲要之中，开辟了老年教育作为教育而转入规范发展的新阶段；标志是《老年教育发展规划（2016—2020年）》的出台。

2010年7月，中共中央、国务院印发了《国家中长期教育改革和发展规划纲要（2010—2020年）》（以下简称《纲要》）。《纲要》从我国现代化建设的总体战略出发，对未来十年的教育改革和发展作出了全面规划和部署。尤其在第二部分“发展任务”的第八章“继续教育”中，提出了“重视老年教育”。这是中国老年教育有史以来第一次被写入国家教育改革和发展规划纲要，对于发展老年教育具有根本性的重大意义。这是从国家教育总体战略规划上，从国家制度层面上，为老年教育发展定性、定位，标志着党和国家正式承认中国老年教育的教育性，也是对中国老年教育重要地位的承认，成为中国老年教育事业发展的一个新的里程碑。从此，中国特色老年教育也随着中国教育事业的发展步调，站在了一个新的历史起点上。2012 年 11 月召开的党的十八大鲜明地提出了“两个一百年”宏伟奋斗目标和办人民满意的教育等重要论述，为老年教育的发展注入了强大动力。2012 年 12 月 28 日，十一届全国人大常委会第三十次会议通过了新修订的《老年人权益保障法》，该法由 50 条扩展为 85 条。老年教育方面，在原来基础上增加了两句很重要的话，第一句是“把老年教育纳入终身教育体系”，第二句是要求各级人民政府对老年教育要“加大投入”。

2016 年 10 月，国务院办公厅印发《老年教育发展规划（2016—2020 年）》（以下简称《规划》），这是历史上第一部关于老年教育的专项规划，填补了老年教育顶层设计的空白，标志着老年教育事业被切实纳入构建终身教育体系的大教育体系之中。《规划》对老年教育的发展作了全面部署，具有很强的指导性、针对性和可操作性，对开创我国老年教育新格局产生了深远影响。

目前我国老年教育蓬勃发展，涌现了一大批万人以上（甚至是两万人、三万人以上）学员规模的、具有先进教学设施设备的、管理较为科学规范的、教学质量较高的示范性老年大学。目前中国老年教育已经形成一个全方位、多层次、多学科、多功能、开放式的教育教学体系，并在发展中不断完善。

从 2010 年到 2020 年的十年，从《纲要》到《规划》的颁布，中国老年教育进入到一个有明确的发展方向、有清晰的战略目标、有具体的发展任务的规范发展阶段。党的十九大将习近平新时代中国特色社会主义思想确立为我们党必须长期坚持的指导思想，又为老年教育发展指明了新方向，开启了新征程。

第二节　我国老年教育的发展现状

从摸着石头过河到逐步规范，经过30多年的艰苦努力，我国的老年教育从无到有，从小到大，从传统到现代，从内容简单、形式单一到内容丰富、方式灵活，走过了一段艰难而光辉的历程，取得了令人瞩目的成就；但同时也存在一些问题和不足，有待解决和弥补。

一、我国老年教育取得的巨大成就

老年教育取得的成就大致表现在规模的扩大、办学体系的形成、教学质量的提升、理论的丰富、办学格局的多元化、国际地位的不断攀升等诸多方面，并取得了十分显著的社会效应。

（一）老年教育规模良性发展，办学体系基本形成

1. 总体规模惊人增长

中国各级各类老年学校发展迅速。据中国老年大学协会统计，截至2016年年底，全国有老年大学（学校）62 211所。在校老年学员总数814万余人次，从1985年到2016年31年间学校数量增长了1 000多倍，在校学员人数增长200多倍。此外，还有数千

万老年人通过远程教育和社区教育参与终身学习；还有数以万计的老年人在上万种老年学习组织中参加有益身心的学习或文化娱乐等教育活动。而民间自发的老年教育活动，如健身社团、歌舞社团、书画社团以及一些更为专业的学习社团等，遍及全国城乡，吸引了不计其数的老年人参与各种有组织的大众文化教育活动。

学校建筑规模 30 多年来发生了天翻地覆的变化。各级党和政府对各级各类老年大学在财政投入上的支持力度不断加大。在一轮又一轮的老年大学校舍新建和改扩建工程中，各地老年大学校舍面积不断增加。例如，山东省截至 2016 年年底，共建有各级各类老年大学（学校）6 693 所，校舍面积总数 125 万多平方米。再如，湖北省老年大学位于武汉东湖之滨，2013 年新建校舍占地 40 亩、建筑面积 35 502 平方米，具备学习、活动、服务三大功能，基础设施完善，教学设备先进。2016 年落成的长春市老年大学，校舍建筑面积达 50 000 平方米。全国还有一批老年大学正在建设新校舍，建筑规模还将不断扩大。

学校招生规模不断扩大，特别是省、市两级老年大学招生规模迅速扩大。目前拥有一万多学员的省、市级老年大学已有 30 多所。二万人以上的已有十几所，三万人以上的目前至少有 5 所。

2. 省域五级办学体系基本形成

总体来看，我国老年教育在许多省域内，尤其是东部大部分省，基本建立起省（市、区）、市（地、州）、县（区、市）、乡镇（街道）、村（居）的五级办学网络体系；有些地方大力发展电视、广播、网络等远程教育，使老年远程教育的网络体系也逐步建立起来。例如，山东省的省、市、县（市、区）三级老干部部门主管主办的老年大学是本省老年教育发展的骨干力量。充分发挥三级老年大学的办学经验和教育资源集聚的优势，通过与社会力量联合办学和开办远程教育等多种形式，建立起完善的省（市、区）、市（地、州）、县（区、市）、乡镇（街道）、村（居）五级老年教育工作网络；依托各类高校和职业院校组建理论研究、信息技术等支持服务平台；建设各级老年教育师资库和志愿者人才网；大力构建乡镇（街道）、村（居）、企业、养老机构等基层驿站式老年教育服务网点，形成了省级统领、市级指导、县区统筹、乡镇（街道）落实、村（居）参与的老年教育五级办学网络体系。

（二）教学质量大幅提升，理论研究成绩斐然

1. 课程内容丰富多彩，教学方式灵活多样

老年教育发展30多年来，教学内容从初创时单纯的休闲娱乐教育逐渐丰富而形成融“康养乐为”于一体的教育。尤其体现在课程设置上，从单一、简单的娱乐兴趣类课程，扩展到融健康、养生、文体、技艺等门类繁多的专业知识和通识教育课程为一体的庞大课程体系。根据中国老年大学协会教学工作委员会的一项课题研究结论，老年教育现有课程分为15大类，即社会科学、信息技术、生活艺术、文学、史地、语言、书法、美术、声乐、器乐、舞蹈、戏剧、医学、健身、农学；61个专业，约300门课程。随着时间的推移，课程内容及其体系还将继续丰富和扩大。

就教学方式而言，已从单一的课堂教学发展成从学员差异出发，设立初、中、高级和创作、研究等不同水平程度和难度的“分层教学”；从学习目的出发，设立休闲娱乐、提升品位、生活实用等不同教学内容的“分类教学”；从“专业构成”出发，设立综合、专修、混修等不同的教学形式。此外，除教室集中面授式

教学的“第一课堂”外，又有校内校外活动式教学的“第二课堂”和“第三课堂”，还创造出体验式、游学结合式、养教一体式等多种教学形式。就教学手段多元化而言，积极利用现代化信息技术，实施数字化、网络化教学。已经初步形成了多类型、多层次、多形式、多手段的老年教育教学体系。

2. 教育研究广受重视，理论成果不断涌现

中国老年教育的理论研究随着老年教育实践的发展而越来越受到广泛重视。

首先，理论研究呈现蓬勃发展的态势。全国老年大学在中国老年大学协会的组织和引导下，加强了理论研究、教学研究、校长和教师培训等工作。中国老年大学协会下属的学术委员会、教学工作委员会、对外联络部等部门，都从各自的角度广泛开展深入的课题研究。这些部门定期发布研究课题指南，指导全国各地的理论和教学研究基地及有条件的老年大学进行理论联系实际的应用研究，每年组织召开全国范围的理论研讨会。各地还成立了一些专门研究机构，如武汉市成立了老年教育理论研究中心等。这些研究机构广泛吸收高等院校和科研院所的专家学者参与老年教育理论研究，大大提高了老年教育理论研究的层次和水平。各省老年大学协会都设有专门的学术和宣传委员会，在省级层面引领和指导基层老年教育的经验总结和理论研究工作。近年来，理论研究呈现出更加良好的态势：一是老年教育研究内容已列入高层次研究的范畴。近年来，已有多项老年教育内容的研究课题在国家社科基金、全国教育科学规划课题立项。二是老年教育研究已开始引起高校青年学者的注意，一些博士生、硕士生开始以老年教育内容为研究选题。据不完全统计，2000 年至今，全国已经

发表的与老年教育内容相关的博士、硕士学位论文将近 200 篇，而且有逐渐增多的趋势。

其次，许多专家学者从多个角度撰写了一批高质量的学术专著和学术论文。2010 年以来，关于老年教育的学术专著出版与前二十年相比呈现集中增长势头。比如，仅就近几年出版的著作，粗略梳理一下，就有南京陆剑杰教授主编出版的 80 万字的《老年教育学——中国老年教育 34 年实践经验的学术研究升华》；上海资深成人教育专家叶忠海教授，带领华东师范大学的成人教育研究队伍，编撰出版了一套“老年教育理论丛书”，共五本，还主编出版了《中国当代老年教育发展研究》等；上海的熊仿杰教授主编出版了《老年大学课程建设要略》；广州的林元和、王友农主编出版了《一带一路与老年教育研究》《中国老年教育理论研究与国际对接》；南京的周朝东教授出版了《中国特色的老年教育》和《再论中国特色的老年教育》，等等，这些论著代表着当今我国老年教育理论研究的较高水平，体现了我国老年教育理论研究的深度和广度。此外，全国有研究基础的省、市、县老年大学协会，每年都会出版各个层次的老年教育研究论文集，展现了老年教育研究广泛的群众基础，也极大地丰富了老年教育理论研究的成果。

（三）办学格局百花齐放，远程、社区全面推进

1. 多元化的办学格局基本形成

办好老年教育是一个系统工程，它需要全体社会成员的共同参与。中国的老年教育正是在各级各类涉老部门和教育部门共同努力下，多方积极办学而形成了百花齐放的格局。

（1）组织部门、老干部局主办和管理的老年教育

众所周知，我国老年教育是离退休老干部安置工作的一种创新举措，是在各级党委组织部、老干部局的直接推动和领导下蓬勃发展起来的。组织部、老干部局率先创立了党委组织部门主管、老干部局主办、人员事业编制、经费财政供给的老年教育管理制度和管理体系，并逐步形成比较规范的管理体制和比较完善的管理体系。目前全国绝大部分省（市、自治区）老年教育仍以此管理体系为主体。当前中国老年大学协会会员校中80％以上均为老干部局主办的老年大学；而校舍、教学设施、设备等硬件条件最好的老年大学也均是由各级党委组织部、老干部局主办和主管的。可以说，组织部门、老干部局对我国老年教育的兴起和发展功不可没。

（2）教育部门主办和管理的老年教育

老年教育是终身教育的一部分，政府和社会已达成共识。2010年教育部颁布的中长期教育规划发展纲要将老年教育纳入其中，加大了教育部门主办和管理老年教育的力度。全国各地有很多老年大学以及地区老年教育是由教育部门主办和主管的，并形成五级办学体系。例如，上海是教育部门主办和主管老年教育的典型。教育部门主办和主管的老年教育至少有三种形式。一是高校办老年教育。全国各地多所高校办有老年大学，上海市就有九所高校办老年教育，教育部和老年大学协会均成立了“高校第三年龄大学联盟”。二是针对社区教育中的老年人群兴办的老年教育。三是远程老年教育。教育部门主办和主管老年教育后劲十足。

（3）老龄委（办）、文化部门及其他部门主办和管理的老年教育

全国各级老龄委（办）在老年教育兴起的早期便主动承担起老年教育发展的任务，有很多地方老龄委（办）直接主办和主管

老年教育。老龄委（办）早期设在民政部门，后调整到卫生与健康委员会。目前浙江、江苏、新疆等地老龄委（办）所办的老年大学，已自成体系，与老干部局体系和教育体系的老年教育并驾齐驱，是老年教育的强劲力量。

各级文化部门把老年文化教育事业纳入公共文化建设之中，充分利用现有文化资源，如文化馆、群艺馆、博物馆等公共文化资源，聘请各种文化和文艺团体的艺术家作为老年大学教师，为老年人提供文化艺术教育服务。文化部公共文化司与退休管理中心共同推进全国各地各级文化部门主办的老年大学，多数老年大学面向社会招收老年人，免费学习。截至 2017 年年底，全国文化部门所办老年大学已有 800 多所。有的省也已形成了省、市、县三级老年文化艺术教育体系。文化部门主办和管理的老年教育目前也成为老年教育不可或缺的一部分。

民政部门主办和主管的老年教育，如四川省老年教育体系，原是由设在民政部门的老龄办主办和主管的，老龄办调整至卫健委后，老年教育仍留在民政部门，直接由民政部门主办和主管全省老年教育。全国还有军队干休所办老年大学、企事业单位办老年大学等。值得注意的是，近年来，社会力量举办老年大学的潮流逐步兴起，社会组织、民营企业、养老机构、民间社会团体和个人也都纷纷举办老年教育，形成了全社会兴办老年教育的百花齐放的新格局。

2. 老年远程教育和社区老年教育蓬勃发展

老年远程教育是凭借现代信息技术和计算机网络技术手段传送教学资源、组织教学工作的现代教育活动。当前全国各省都利用广播、电视、网络发展老年远程教育。2016 年国家颁布了老年教育专项规划以后，教育部要求广播电视（开放）大学系统办老年广播电视（开放）大学，实现远程老年教育，并在原有电大教学体系基础上自然形成远程老年教育体系。如北京开放大学通过“天网（卫星电视）”“地网（互联网）”“人网（电大教育系统）”构建“三网合一”的教学系统，开展内容充实、灵活多样的老年教育活动，并将建立覆盖全市的老年开放大学办学网络，以解决距离老年大学较远，行动不便或农村、偏远地区老年人的学习需求问题。有的分校还创办了老年教育体验中心，开展线上线下一体化教学。当前全国开大、电大系统兴办老年教育正形成一股新潮流，成为远程老年教育、在线学习、线上线下混合式教学的重要生力军。

社区老年教育凭借与社区的密切关系，在发展老年教育方面具有重要优势：第一，能满足老年人就地就近入学的需要；第二，能够充分利用社区的现有资源；第三，有利于促进老年人与社区的互动。老年教育只有向基层延伸，才有广阔的发展前景。国务院办公厅印发的《老年教育发展规划（2016—2020年）》（以下简称《规划》）中特别强调要发展社区老年教育。事实上，各地在贯彻执行《规划》中，都把依托社区发展老年教育作为有效措施和途径之一。例如北京、天津、上海等地，都以区老年大学为龙头，推动老年教育向街镇、居村延伸，并结合社区实际开展各种形式的教育活动，提高老年人参与社会、服务社区发展的能力，促进社区建设。

（四）国际地位不断攀升，世界影响力日益提升

中国老年教育事业起步晚于欧洲，却取得世界公认的辉煌成就。

1. 国际承认的办学模式

目前国际上公认的老年大学办学模式有三种：第一种是法国模式，即高校办学模式；第二种是英国模式，即民间独立自主办学模式；第三种就是中国模式，即党和政府职能部门办学模式。中国模式为社会提供公共服务，直接服务于老年人，成为具有独特优势的模式，并对世界产生影响，许多国家新兴的老年大学都在按中国模式办学。

2. 国际最大的办学规模

据国际老年大学协会（AIUTA）估计，目前全世界共有老年大学12万所，中国老年大学7.6万所，占50%以上。全世界老年大学在校学员2 000万人，中国老年大学学员1 300多万人，也占了50%以上；中国老年大学微观规模也是最大的，学员人数过万的老年大学已有30多所；超2万人的有十几所，超3万人的至少有5所。

3. 国际最好的办学条件

中国老年大学的办学场地面积最大、建筑条件最好，拥有目前世界上最先进的多媒体教学设施和网络支持条件，整体建设水平是世界上最高的。

4. 国际最多的课程设置

中国老年大学的课程设置最为丰富多彩，达到300多种。

5. 国际最高的专业水平

比如书法国画类、文艺表演类、医学保健类、体育健身类等，这些专业都是世界上老年教育相关领域教学水平最高的；教学成果展示也是最高水平且最丰富的。比如七届全国老年大学文艺会演惊艳世界，书画、摄影、钢琴比赛和展演都堪比专业水平且精彩纷呈。

6. 国际领先的办学理念

中国提出的老年教育现代化、终身教育体系中老年教育的地位等理念，目前都处于世界领先地位。

7. 国际地位的不断提升

2018 年 4 月，中国老年大学协会在上海建立“国际老年教育研究中心”，先后聘请国际老年大学协会中的世界著名专家学者 6 人为该研究中心研究员，标志着中国老年大学的学术地位得到国际认可。2019 年 5 月，武汉召开“一带一路与老年教育”国际研讨会。这是在国际老年大学协会全球活动 40 年的历史进程中，首次把一个国家的全球治理倡议确立为该协会的发展战略。中国老年教育的国际地位可见一斑。

二、我国老年教育存在的现实问题

（一）发展的不平衡问题

由于我国经济社会发展水平呈现出明显的区域间、城乡间的不平衡性，这就从根本上决定了我国老年教育发展的区域间、城乡间的差距。这种差距反映在多个方面，既有发展条件的差距，又有认识理念的差距，还有工作力度的差距；既有老年教育发展广度的差距，更有老年教育发展深度和高度的差距，等等。

1. 区域发展不平衡

老年大学（学校）的分布就能够说明区域发展的不平衡问题。据中国老年大学协会 2015 年统计，华东区的老年大学和老年学校数占全国总数的 63.1%。具体见表 1。

表 1　老年大学（学校）在六大片区的分布

地区	办学数量	占比
华东区	36296 所	63.1%
华北区	6823 所	11.9%
西南区	6295 所	11.0%
中南区	5248 所	9.1%
东北区	2294 所	4.0%
西北区	525 所	0.9%

资料来源：陆剑杰．我国老年教育存在的问题与解决问题的理论钥匙[J]．上海老年教育研究，2017（4）．

此外，华东区的老年学员入学率为华北区、西南区的 1.5 倍，是西北、中南、东北区的 3 倍。

2．城乡发展不平衡

我国 74.9%的老年人口分布在广大农村，但老年教育却主要集中在城市地区，无论大小城市，老年教育发展都明显好于农村。据全国老年大学协会 2015 年底的统计数据，全国 584 712 个行政村中，老年学校的数量为 45 078 所，学校数占行政村总数的比例仅为 7.8%。大量乡镇农村、偏远地区还没有老年教育机构。即便有条件建立的，基础设施也十分简陋；老年农民参与老年教育的比例极小，教育层次也非常低下，无法与城市老年教育相提并论。

（二）发展的不充分问题

1．老年教育社会资源共享、利用不充分

从整体上看，老年教育资源不足、有些地区经费困难是影响发展的瓶颈。近年来，人们对老年教育资源的需求日益增大，而教育资源却没能力满足需求，因此产生了教育需求无限增长和资源有限、利用不充分之间的矛盾。社会资源整合机制尚未形成，出现各种社会资源整合配置不充分问题，如在教育资源方面，各级政府、大专院校、社会各方资源没有合理地整合配置，使老年教育无法充分利用和共享社会资源，以适应全社会多元化老年教育体系的建立。在物质资源方面，各级各类老年大学对政府投入建设校舍比较热衷，而对社会资源的共享和利用不够充分；在人力资源方面，教师资源的共享和合理利用没有形成良性机制，学员中的人才资源也是宝贵财富，但开发利用却很少；在课程资源方面，课程开发和建设在紧跟时代、满足老年学习者多样化的学习需求、提升老年人整体素质等方面还不够充分等。

2. 各级各类老年教育发展不充分

首先是总量不足。目前我国老年学校在校学员虽然已有上千万人，但与全国 2.54 亿老年人相比，人均学位率和平均入学率却非常低，仅占 60 岁及以上老年人口的 5%，远远跟不上我国老年人口增长的速度，形成老年教育市场供需失衡的状态。其次是优质老年教育资源不足。随着经济水平的提高，老年人发生了从“有学上”到“上好学”的需求转变，因此，许多地方省、市级老年大学“一座难求”，基层老年学校却招生困难。从老年人舍近求远追求优质教育这一现象来看，优质老年教育资源仍显得不充足。基层老年教育质量有待大幅度提高。此外，老年教育在信息技术运用方面还处于探索阶段，利用网络技术和多媒体技术来开展教学还不够普遍。信息技术优化课堂教学、提高教育教学质量的优势还没有得到充分体现，学校教育教学理念、方式、方法创新还不足。

（三）法制建设和管理体制不完善问题

在法制方面，尽管我国法律制度确认了老年人的受教育权利和平等公正的教育资源分配原则，但仍存在老年教育法制建设不完善、教育权利保障不充分的问题。在国家层面，至今没有一部专门的老年教育法律，老年教育的性质、定位、功能、价值等基本问题未在法律上得到界定和定位。在管理体制方面，尽管《老年教育发展规划（2016—2020年）》提出了“建立健全党委领导、政府统筹，教育、组织、民政、文化、老龄部门密切配合，其他相关部门共同参与的老年教育管理体制”，但在各级政府层面仍未有明确清晰的规定，导致多项工作有所滞后，诸如对老年教育的经费投入缺乏必要的刚性约束，全国整体性老年教育统计工作至今仍较薄弱，等等。

（四）理论研究、学科建设滞后问题

尽管老年教育理论研究发展较快，呈现良好的态势，取得了明显的成绩。但是，相对于我国老年教育事业的迅速发展而言，老年教育理论研究特别是学科建设显得滞后。总的来说，我国老年教育科学理论研究仍处于起步阶段，存在“四多四少”的状况，即工作总结多，理论研究少；零散研究多，系统研究少；宏观一般研究多，微观深入研究少；老年学校研究内容多，老年教育学科体系研究少。老年教育理论研究还不能满足老年教育事业发展的需要。

第三节　新时代老年教育的发展趋势

在党的十九大上，习近平总书记向全世界庄严宣告，中国特色社会主义进入了新时代。这是党中央在总结十八大以来党和国家事业历史性变革基础上就中国的发展方位作出的科学判断。处于新的历史方位的新时代中国特色社会主义是中国特色社会主义新的发展阶段。

一、时代特征与老年教育

（一）新时代对老年教育的定位

党的十九大报告提出了建设教育强国的宏伟目标，这成为新时代我国教育事业改革发展的方向。建设教育强国，归根结底是要办好人民满意的教育。办好人民满意的教育，就是要“办对的教育、办好的教育、办强的教育”。“办对的教育”就是要坚持正确的政治方向。党的领导是新时代中国特色社会主义最本质的特征，这决定了老年教育必然是中国共产党领导下的中国特色老年教育，要为中国共产党治国理政服务，为人民服务，为巩固和发展中国特色社会主义制度服务，为社会主义现代化建设服务。“办好的教育”就是办高质量的教育。国家综合实力空前强大以及共同富裕都是新时代中国特色社会主义的特征，这决定了人民对美好生活的向往越来越强烈，办好的老年教育是国家之需、百姓之盼。好的教育应该是有质量的教育，因此，提高办学质量是新时代老年教育的主题。“办强的教育”就是要使老年教育在规范化发展的基础上逐步实现教育现代化，使我国教育既要达到世界先进水平，又要充分体现我国教育的特点。为世界贡献中国智慧和中国方案是新时代中国特色社会主义鲜明的特征，这决定了中国不应跟在世界教育强国后面亦步亦趋，而应发展具有中国特色、世界水平的现代老年教育。“办强的老年教育”就是要加快老年教育现代化，树立现代教育理念，完善教育体系，更新教育内容，创新教育模式，推进教育信息化，使老年教育的各方面都强起来，不断提高老年教育的质量和水平。这是新时代我国老年教育的奋斗目标。

（二）社会主要矛盾的变化对老年教育的影响

虽然我国仍处于并将长期处于社会主义初级阶段的基本国情没有变，但经过40多年的改革开放，我们党带领全国人民告别贫困、跨越温饱，即将实现全面小康。我国经济总量稳居世界第二，社会生产力水平显著提高，很多方面的社会生产能力进入世界前列，因此，我国生产力发展水平和人民对美好生活的需要都发生了变化，我国社会主要矛盾也发生了相应变化，转化为人民日益增长的美好生活需要和不平衡不充分的发展之间的矛盾。

中国社会经济发展不平衡决定了各地老年教育发展不平衡。老年教育发展的不平衡不充分表现在落后地区和农村的发展不充分，落后地区与发达地区、农村与城市之间发展的不平衡。这种不平衡不充分已经成为满足老年人教育需要的主要制约因素。因此，新时代老年教育发展的主要任务就是要解决发展的不平衡不充分问题。

（三）两个一百年的奋斗目标对老年教育的要求

党的十八大提出“两个一百年”奋斗目标：第一个一百年，是到中国共产党成立 100 年时全面建成小康社会；第二个一百年，是到中华人民共和国成立 100 年时（2049 年）建成富强、民主、文明、和谐、美丽的社会主义现代化强国，即实现伟大复兴的中国梦。“两个一百年”奋斗目标与中国梦一起，成为引领中国前行的时代号召。

2020 年是实现第一个百年奋斗目标的历史时期，也是我国全面建成小康社会的收官之年，我国由此开启全面建设现代化的新征程。对老年教育而言，2020 年正是在全面落实《老年教育发展规划（2016—2020 年）》提出的各项指标和任务的基础上，开启老年教育现代化新征程的起步之年。

第一个一百年距离第二个一百年有将近 30 年，这其中前 15 年，即到 2035 年，国家奋斗目标是基本实现现代化。这一时期，老年教育的发展要与我国整体社会同步发展，与我国大教育体系同步发展，奋斗目标是基本实现老年教育现代化。

十九大报告指出到第二个一百年时，我国的奋斗目标是建成社会主义现代化强国，实现中华民族伟大复兴。其中建设“教育强国”是中华民族伟大复兴的基础工程。“教育强国”一定是整个教育体系的协调发展、全面提高和先进强大。到第二个一百年时，我国在老年教育方面，要立于世界老年教育强国之林，在全球老龄化大潮中，提出中国方案，贡献中国智慧。

二、新时代老年教育的发展机遇

目前中国老龄人口增速世界第一，人口老龄化问题加剧。严峻的老龄化形势，是进入新时代我国面临的重要风险和挑战。然而，对老年教育的发展而言，却是一个难得的机遇。

（一）新时代人口老龄化国情与老年教育

1. 新时代人口老龄化的形势分析

根据国家统计局公布的数据，截至 2019 年末，中国大陆总人口突破 14 亿。60 岁及以上人口为 2.54 亿人，占总人口的 18.1%。根据联合国的人口统计预测，中国将在 2024 年至 2026 年前后进入老龄化社会（即 65 岁及以上人口达到 14%），老年人口占比将于 2030 年超过日本，届时中国将成为全球人口老龄化程度最高的国家；到 2050 年中国的老龄人口将达到 3.76 亿，占比达到 29.5%。

人口老龄化是贯穿我国 21 世纪的基本国情，积极应对人口老龄化是国家的一项长期战略任务。从世界范围来看，无论是发达国家还是发展中国家，都选择了发展老年教育这一重要策略和有效举措。实践证明，通过老年教育帮助老年人愉悦身心，延长自理期，可以减少照顾成本、降低养老负担。此外，老年教育使老年人力资源得到开发，起到弥补人力资源不足的作用。老年教育作为应对老龄化的战略举措是非常重要的。

2. 新时代老年人学习需求现状分析

从 2020 年到 2050 年的 30 年间，我国进入老年人行列的将是 20 世纪 60 年代至 20 世纪 80 年代出生的人。这一代老年人沐浴了改革开放的春风，享受到小康社会的实惠。他们身上有着鲜明的时代特点。比如，首先是受教育水平普遍较高。因此他们有着良好的学习习惯、较高的智力水平，更有着开放的教育观念以及更强烈的求知欲望和参与意识；其次是物质生活水平有较大提高。因此他们对精神生活的追求必然朝着高层次的文化需求和社会参与需求方面发展。有鉴于此，新时代老年人的学习需求必然空前强烈，老年教育将是他们分享社会发展成果的平台之一。

（二）新时代老年教育的发展机遇

1. 老年人口迅猛增加将提供庞大生源

目前中国老年人口已经达到2.54亿，居世界第一位，并以每年3.3%左右的速度增长。快速增长的老年群体为发展老年教育提供了旺盛的需求。此外，还有大批60岁以下的“准老年人”也成为老年教育的对象。庞大的老年人和准老年人队伍，为老年教育保持旺盛生命力提供了充足的生源保证。老年人中蕴藏着对生命继续成长和发展的渴望，蕴藏着参与社会的积极力量，因此他们热心向学的热潮将与日俱增。老年人老有所学的迫切愿望，是我国老年教育发展不竭的现实动力。

2. 国家经济日益增长奠定物质基础

改革开放40多年来，我国进入了经济、文化、社会发展的快车道，综合国力迈上了新台阶，已成为世界第二大经济体。这40多年也是我国城乡居民收入增长最快的时期。生活水平提高后，人民日益增长的文化需求也将得到更好的满足。随着党和政府对老龄化问题越来越重视，发展老年教育将成为国家长期坚持的事业。各级政府及多元化办学的各系统都将把老年教育摆在重要位置，将加大经费投入、改善办学条件。社会各界也将进一步主动参与并有力支持老年教育的发展。社会财富的积累将为老年教育发展提供坚实的财力物力保障。

3. 党和国家日益重视提供政法保障

《老年人权益保障法》是国家的一部保障老年人合法权益的基本法律。该法于1996年制定，现行版本为2018年修正版。修订的内容中有“把老年教育纳入终身教育体系”，并要求各级人民政府对老年教育要“加大投入”。这充分体现了国家对老年教育的法律地位认识的与时俱进。2016年，国家出台了《老年教育发展规划（2016—2020年）》，这是老年教育第一个专项规划。预计今后老年教育的相关规划还将定期制订，党和国家出台的一系列有关老干部工作、养老和教育规划等都将涉及老年教育内容，并且将不断发现和解决老年教育发展中遇到的新问题，为老年教育持续发展提供法规和政策保障。

此外，社会各界对老年教育的认可程度越来越高，将日益参与并积极支持老年教育的发展。党和政府重视、多方参与、社会支持，多渠道、多形式发展老年教育的良好局面将逐步形成，这将为新时代老年教育实现新发展创造更加良好的发展机遇。

三、新时代老年教育的发展趋势

（一）老年教育的普及化

老年教育的普及是经济社会发展的必然。经济社会发展到一定阶段，老年群体学习需求的增长必然要求老年教育重心下移，向广大基层社区和乡村延伸，扩大老年教育的覆盖面，形成老年教育网络。老年教育学校数量会持续增加，办学规模将不断扩大，参与人数也将不断增长。

（二）老年教育的均衡化

我国老年教育发展存在不平衡的问题，有地域、城乡之间的不平衡，也有因老年人之间存在的各种差异而形成的各层级各类别教育需求的不平衡。老年教育的均衡化发展是保障老年人受教育权利和实现老年教育公平的重要举措。因此，未来老年教育的均衡化发展是必然趋势。为此，不仅要加大投入，还要建立均衡配置老年教育资源的机制；不仅要惠及弱势老年群体，还要满足高水平的老年教育需求。

（三）老年教育的多元化

老年教育的需求将越来越强烈，仅靠政府一已之力很难满足，因此，以政府主导并投入为主、社会力量并举的老年教育办学格局必然呈现。此外，除了办学主体多元化外，教学形式、内容、目标、手段等方面也将呈现多元化。还可能出现根据老年人自身需求进行的个性化定制等，以满足老年人的多元化学习需求。

（四）老年教育的开放化

老年教育的开放化就是在信息、人才、资金、资源上与外界交流。未来，老年教育在国内、国际两方面的开放将进一步加强。在国内，各区域老年大学之间的横向联系将更加紧密，各种交流、协作、资源共享等活动会十分频繁；老年教育系统和社会上其他行业之间，在人才、知识、技术、科研、资金、信息等诸方面，也将形成常态化的交流和联系。在国际，中国老年教育机构与国际老年教育组织的合作必将更加密切，与更多国家和地区老年大学之间的交流合作也必将更加密切。老年教育朝着国际化、开放化方向发展将是必然趋势。

（五）老年教育的信息化

我国的老年教育目前在信息化方面并不落伍。最新教学设施设备，宽带网络、教学管理系统，多媒体教学设施、多功能黑板等教学设备，均已成为老年大学的标配。安全应急设施、人车分流管理等现代化校园管理手段也同步跟上。未来的老年大学网络课程、视频课程等远程教学形式将逐渐常态化。数字校园、智慧校园也将是老年教育信息化的必然结果。

（六）老年教育的现代化

我国国家发展战略目标是 2035 年基本实现社会主义现代化，教育发展战略目标是 2035 年总体实现教育现代化，成为教育强国。老年教育是国家发展战略和教育发展战略的一部分，应与国家和大教育战略目标相一致。因此，到 2035 年老年教育必将建立起适应科学应对人口老龄化和现代社会进程的现代教育模式，以适应培养现代老年人、促进老年人全面发展的教育需求，实现老年教育现代化的整体目标。

第三章
老年教育的政策环境与管理体制

第一节　老年教育的法律依据

一、老年教育存在和发展的法律依据

《中华人民共和国宪法》（以下简称《宪法》）规定了老年教育存在和发展的合法性。《宪法》第四十六条规定“中华人民共和国公民有受教育的权利和义务”，老年人具有接受教育的权利和义务；《宪法》第十九条规定“国家发展社会主义的教育事业，提高全国人民的科学文化水平”，“国家鼓励集体经济组织、国家企业事业组织和其他社会力量依照法律规定举办各种教育事业”；《中华人民共和国老年人权益保障法》第七十一条规定“老年人有继续受教育的权利。国家发展老年教育，把老年教育纳入终身教育体系，鼓励社会办好各类老年学校。各级人民政府对老年教育应当加强领导，统一规划，加大投入”，对中国老年教育进行了法律定位，并要求各级政府加强对老年教育的领导和规划，鼓励社会办老年学校。

（一）建立和完善终身教育体系的法律依据

《中华人民共和国教育法》第九条规定“中华人民共和国公民有受教育的权利和义务”，第十一条规定国家“健全终身教育体系”，第二十条规定“国家鼓励发展多种形式的继续教育”，“推动全民终身学习”，第四十二条规定“为公民接受终身教育创造条件”。至此，包括老年教育各种形式的继续教育的推进和终身教育体系具有了法律保障。

（二）加强教师队伍规范管理的法律依据

《中华人民共和国教师法》提出维护教师的合法权益，加强教师队伍的规范化管理；学校和教育机构应当“保障教师完成教育教学任务”，“对教师进行多种形式的思想政治、业务培训”，“对教师的政治思想、业务水平、工作态度和工作成绩进行考核”。此法均适用于各级各类学校从事教育教学工作的教师，各级老年大学、老年学校概不例外。

（三）加强学校安全管理的法律依据

《中华人民共和国食品安全法》第五十七条规定，各级各类学校须重视食品安全教育和学校日常管理以消除食品安全隐患；《中华人民共和国传染病防治法》（1989 年 9 月 1 日实施，2013 年 6 月 29 日修订）提出各级各类学校须重视卫生防病教育和日常管理，第十条和十二条规定，各级各类学校须重视卫生防病教育及其日常管理；《中华人民共和国消防法》第五条、第六条、第十六条提出须重视消防安全教育和日常管理；《中华人民共和国网络安全法》提出须重视网络安全教育和日常管理，这适用于“在中华人民共和国境内建设、运营、维护和使用网络，以及网络安全的监督管理”。

（四）建立健全学校劳动和人事管理制度

《中华人民共和国劳动法》提出须保障劳动者的权利和义务，第四条规定“用人单位应当依法建立和完善规章制度，保障劳动者享有劳动权利和履行劳动义务”，这适用于“国家机关、事业组织、社会团体和与之建立劳动合同关系的劳动者”，当然涵盖各地各级老年大学和老年学校。

二、一些地方政府为大力发展老年教育制定地方法规

为了贯彻落实国家有关法律精神，加强老年教育的法制保障，一些地方相继出台了老年教育相关条例。早在 2002 年，天津市人大出台了《天津市老年人教育条例》；2005 年，福建省人大出台了《福建省终身教育促进条例》；2007 年，徐州市人大出台了《徐州市老年教育条例》；2011 年，上海市人大出台了《上海市终身教育促进条例》，等等。规定市、县（市、区）人民政府“应当将老年教育列入国民经济和社会发展的总体规划”，“加大对老年教育事业的投入，逐步增加老年教育经费，做到专款专用”。这些地方条例的出台不断推动当地老年教育健康发展。具体表现在以下方面：

（一）逐步理顺老年教育的管理体制

一些地方政府为了满足本地老年人的精神文化需求，大力发展本地老年教育，着力于理顺老年教育管理体制，如规定“领导有关部门做好本行政区老年人教育的统筹规划、监督指导、组织协调等工作”，“有关部门应当在各自职责范围内支持老年教育工作，促进老年教育事业发展”；市、县（市、区）人民政府“应当将老年教育列入国民经济和社会发展的总体规划”，由县级以上人民政府教育行政部门主管本行政区域内的老年教育工作；“教育、民政等行政部门负责老年教育工作”。

（二）逐步完善老年教育的办学网络

优先发展基层社区老年教育。《天津市老年人教育条例》规定老年人教育的重点在社区、基层，各街道（乡、镇）、有条件的居民委员会（村民委员会）和企事业组织应当“有老年人学校或社区学校”。《西安市社区教育促进条例》（2020 年）规定“建立以社区大学、社区教育学院、社区教育学校、社区教学点为主体，老年大学和各类社会教育培训机构为组成部分的社区教育体系”。

创新发展社会老年教育。《徐州市老年教育条例》规定，“鼓励和支持各类投资主体举办老年教育机构，鼓励社会组织和个人捐资助学”；为满足老年人就地、就近学习的需求，“市、县（市、区）、镇人民政府应当利用文化馆（站）、文化宫、体育场馆、图书馆、博物馆、科技馆等公益性设施，为老年教育提供便利”，“镇人民政府、街道办事处应当鼓励和扶持社区、村组设置老年教育场所或者与老年教育机构联合设置老年教育辅导站，方便老年人就近学习、活动”。

优质发展远程老年教育。《西安市社区教育促进条例》规定，“市教育行政主管部门应当会同相关部门充分利用现代远程教育体系，建立城乡共享、开放便捷的社区数字化学习公共服务平台，为居民提供多种形式的学习支持服务”。

（三）逐步细化老年教育的保障措施

规范机构设立。《徐州市老年教育条例》规定，“设立老年教育机构应当具备下列条件：（一）有组织机构和章程；（二）有教学和工作人员；（三）有教学场所及设施、设备等；（四）有办学经费来源。老年教育机构的名称应当注明老年字样”。未经批准擅自设立老年教育机构的行为须承担相应的法律责任。

加强队伍建设。《上海市终身教育促进条例》规定，“从事终身教育工作的专职教师应当取得相应的教师资格。政府有关部门应当根据终身教育培训机构的性质，将从事终身教育工作的专职教师的职务评聘纳入相关行业职务评聘系列。社区学院、社区学校专职教师的职务评聘，可以在教师职务系列中增加设置相应的学科组，参照国家教师职务评聘的相关制度执行。从事终身教育的专职教师在业务进修、专业技术考核等方面与相应的专业技术人员享有同等权利”，“从事终身教育的兼职教师，应当具有与终身教育有关的工作经验或者相应的专业技术资格”。

保障经费投入。《天津市老年人教育条例》规定老年人教育经费筹措渠道，包括各级人民政府专项经费、老年人学校的举办者筹集经费、社会组织和个人捐资助学以及老年人学校依法依规收取的学费。《上海市终身教育促进条例》规定，各级人民政府应当将终身教育经费列入本级政府教育经费预算，保证终身教育经费逐步增长。市和区、县人民政府有关部门应当为开展终身教育提供经费支持。非国有非企业单位以及其他组织应当为本单位在职人员职业培训提供经费保障。

第二节　新时代老年教育发展的政策依据

老年教育作为我国老龄事业和教育事业的重要组成部分，历来备受党和国家的重视。党的十八大以来，我国老年教育开启了新时代，踏上了新征程。其间，党和国家先后制定了一系列涉及老年教育的政策，为我国老年教育事业的发展提供了政策依据。

一、第一部老年教育专项发展规划出台

2016 年 10 月，国务院办公厅出台并下发了《老年教育发展规划（2016－2020 年）》（以下简称《规划》），这是我国第一部老年教育发展规划。

（一）《规划》勾画出新时代老年教育发展的施工蓝图

《规划》对老年教育的指导思想、基本原则、主要任务、重点推进计划、保障措施等基本问题作出明确的阐述和规定。《规划》是新时代我国老年教育的施工蓝图和行动纲领。

（二）《规划》强调了新时代老年教育特有的双重属性

《规划》开篇即指出，“老年教育是我国教育事业和老龄事业的重要组成部分。发展老年教育，是积极应对人口老龄化、实现教育现代化、建设学习型社会的重要举措，是满足老年人多样化学习需求、提升老年人生活品质、促进社会和谐的必然要求”，强调了老年教育具有的教育事业与老龄事业“双重属性”的特征，表明了老年教育具有适应和满足个体与社会的“双重要求”的功能。

（三）《规划》确定了新时代老年教育发展的目标任务

《规划》提出“扩大老年教育资源供给、拓展老年教育发展路径、加强老年教育支持服务、创新老年教育发展机制、促进老年教育可持续发展”等五大任务，并强调要重点推进“社会主义核心价值观培育计划、老年教育机构基础能力提升计划、学习资源建设整合计划、远程老年教育推进计划、老有所为行动计划”等五大计划。同时提出到2020年，全国县级以上城市原则上至少应建有一所老年大学，50％的乡镇（街道）要有老年学校，30％的行政村（居委会）要有老年学习点；各省（区、市）都应初步建立起支撑区域内老年教育发展的老年学习资源库；以各种形式经常性参与教育活动的老年人占老年人口总数的比例达到20％以上。量化、刚性发展目标任务的提出，助推老年教育进入快速发展的新时期。

（四）《规划》提出了新时代老年教育发展的五项原则

五项原则是：保障权益、机会均等；政府主导、市场调节；优化布局、面向基层；开放便利、灵活多样；因地制宜、特色发展。

二、老龄工作领域的新格局

党的十八大以来，党中央站在全局和战略的高度，为了积极应对人口老龄化，围绕建设养老服务体系、发展养老服务产业，加强老干部工作等老龄工作的专门领域，从整体上谋篇布局，提出具体要求，为做好新形势下的老龄工作提供了根本依据。

（一）老龄事业发展呈现新态势

中共中央下发的《关于全面放开养老服务市场、提升养老服务质量的若干意见》《关于制定和实施老年人照顾服务项目的意见》与国务院印发的《“十三五”国家老龄事业发展和养老体系建设规划》，提出了提高养老服务质量的思路和要求。

各地各有关部门认真贯彻党中央和国务院相关文件精神，积极推动老龄工作专门领域相关政策落地见效。据不完全统计，党的十八大以来，国家有关部门发布的涉老规划、行动计划等部门规章有 20 多个。有 10 多个省、市、自治区政府先后出台了老龄事业发展规划或实施老龄发展规划的意见，以此引领、支持养老服务体系建设和服务产业发展。目前，以居家养老为基础、社区为依托、机构为补充、医养相结合的养老服务体系建设有序开展，成效初现。

（二）建构养老服务体系与发展老年教育同步实施

为应对人口老龄化的严峻形势，满足广大老年人的各种需要，

2000 年，中共中央、国务院颁布了《关于加强老龄工作的决定》（以下简称《决定》），提出了今后一个时期我国老龄事业发展的主要目标是实现“六个老有”，即“老有所养、老有所医、老有所教、老有所学、老有所为、老有所乐”。《决定》中与老龄工作相关的理念、方针、原则和思路涵盖了老年教育，提出的“六个老有”中有“四个老有”与发展老年教育一致，并将建构老年服务体系与发展老年教育同步实施，这是积极应对老龄化的国家意志，各地各级党委、政府必须贯彻执行。

2001 年 6 月，中组部等五部委联合印发了《关于做好老年教育工作的通知》，首次提出了“在本世纪前十年建立健全具有中国特色的老年教育事业体系”的目标。2001 年 7 月颁布的《中国老龄事业发展“十五”计划纲要》中，将“大力发展老年教育”作为老龄事业发展的重要任务之一。还提出要尽快制定公布全国老年教育条例、合理安排资金投入、建立示范性老年大学、发展老年电视大学和网上学校等发展老年教育的措施。2004 年教育部颁布《关于推进社区教育工作的若干意见》，将老年人社会文化活动纳入社区教育的培训活动。2006 年 7 月国务院印发的《中国老龄事业发展“十一五”规划》中，提出了“到 2010 年，老年大学和老年学校在现有基础上增加 1 万所”的任务目标。2010 年出台的《国家中长期教育改革和发展规划纲要（2010—2020 年）》中明确提出要“重视老年教育”。2019 年，中共中央、国务院印发的《中国教育现代化 2035》中，把“构建服务全民的终身学习体系”作为面向教育现代化的十大战略任务之一，强调要“扩大社区教育资源供给，加快城乡社区老年教育，推动各类学习型组织建设”。

上述文件充分体现出国家“坚持从物质和精神两方面提高老年人的生活质量。在保障老年人生活的同时，注意丰富老年人的精神文化生活，重视老年人的价值，发挥老年人的作用，引导老年人自立自强，积极向上”。

（三）老年大学担当新使命

习近平总书记强调：“老干部工作要为社会事业提供可资借鉴的经验。”依托老干部制度建立起来的老年大学，在示范引领老年教育发展中发挥了核心作用。党的十八大以来，各级老干部工作部门按照开放、融合、共享理念，各级老年大学面向社会开放，并通过延伸办学，推动老年教育普及发展。

三、各地老年教育政策环境趋好

在国家加强顶层设计的同时，各地老年教育发展的政策环境渐趋完善，集中体现在以不断解决老年教育供需之间矛盾为主轴，加强工作力度、提升发展高度、拓展服务深度，形成具有中国特色的老年教育体系，开创老年教育新局面。

（一）不断加强工作力度

2016 年，《规划》颁发后，全国先后有 20 多个省、市、自治区政府下发文件，推出符合地方特色、加快发展老年教育的政策。如 2016 年，上海市教委和上海市老龄工作委员会联合印发《上海市老年教育发展“十三五”规划》；2017 年，浙江省人民政府办公厅印发《关于扶持发展老年教育事业的若干意见》；安徽省人民政府办公厅制定《关于加快“十三五”期间老年教育发展的实施意见》；2018 年，江苏省教育厅印发《加快发展老年教育行动计划（2018—2020 年）》等。这些老年教育政策的出台，明确政府承担举办老年教育的主体责任，动员社会力量积极参与办学，促进老年教育多样化发展，体现了各地老年教育工作力度的进一步加强。

（二）不断提升发展高度

在国家尚未出台我国终身教育法或老年教育法时，福建、上海等地颁布了涉及老年教育的终身教育条例，天津、徐州等地出台了老年教育地方条例。安徽、山东等地也正在进行老年教育地方立法调研起草论证工作。通过加快老年教育地方立法的步伐，以确立发展老年教育的法律保障。只有有了法制保障的老年教育事业，才能逐步提升发展高度。

（三）不断拓展服务深度

近年来，各地各级政府贯彻中央发展老年教育的文件精神，进一步盘活、开发、整合和共享老年教育资源，激发社会参与老年教育办学积极性，有效提高老年人接受老年教育的参与度；逐步建立和完善社区老年人数字化学习支持服务平台，扩展老年远程教育的覆盖率；持续加强老年教育办学机构内涵建设，着力推进老年教育课程体系建设、教学模式创新、教师队伍能力提升等，以老年教育质量赢得老年教育对象的好评。如在改善老年教育机构办学条件方面，江苏省在全国率先制定了《老年教育机构服务规范》作为省级地方标准，详细规定了老年教育机构的服务场所、服务设施、服务人员、服务要求以及服务质量评价方面的要求，用于对老年教育机构服务的实施、管理和评估。又如，安徽省教育厅创造性地制定并实行了《安徽省老年教育办学指南》，作为加强老年教育机构办学行为管理，保障老年教育教学质量的行业规范性标准。安徽老年大学协会以此为依据，在全省范围内开展了两轮老年大学（老年学校）示范校建设与评估活动，有力推动了老年教育事业持续、健康、有序地发展。

第三节 老年教育的管理体制

一、中国老年教育的宏观管理体制

（一）老年教育行政管理体制的沿革

自 1983 年到 1988 年中国老年大学协会成立，中国老年教育从无到有，从小到大，逐渐发展，开启了对老年教育宏观管理方式的探索。主要经历了以下阶段：

1. 由党委组织部和老干部局主办、主管的局域性宏观管理

这个阶段始于 1983 年，终于 1988 年底中国老年大学协会的成立。在这个阶段中，老年教育是省、地、县三级党委组织部和老干部局主办、主管的老年大学的三级网络，对它的宏观管理是中组部领导下的老干部教育的宏观管理，可称“局域性宏观管理”。

2. 建立行业组织（老年教育协会、老年大学协会）参与协调指导

这个阶段始于 1988 年中国老年大学协会成立，直至 2003 年

全国第一个具有行政管理职能的老年教育机构——景德镇老年教育工作委员会建立。有两个因素促成各个省、地、县建立具有协调指导职能的老年教育协会（老年大学协会）：一是1988年12月中国老年大学协会的成立，标志着以老年教育社团的方式，把各级老年大学、各种形式的老年大学联合起来，构成了“老年大学联盟”，于是，各地纷纷效法；二是伴随着老年教育发展，社会强烈呼吁政府建构老年教育的现代扁平化管理机构，这是政府的社会服务职责所在。

3. 基本建立起老年教育的现代扁平化管理机构

这个阶段始于2003年1月景德镇老年教育委员会建立，之后建立的有：2003年9月的上海市老年教育工作小组，2005年10月的天津市老年教育工作领导小组，2007年8月的长沙市老年教育工作领导小组，2008年12月的武汉市老年教育指导委员会，福建省泉州市建立的地、县、乡三级老年教育委员会等。实践已证明，建立老年教育的现代扁平化管理机构有利于实现老年教育的可持续发展。

4. 建构以教育部门牵头、各部门协同管理的机制

由于发展的不平衡，不可能在全国同时建构以教育部门牵头、各部门协同管理的体制机制。在经济发达地区，一些老年大学已率先进入了这个阶段。第一个进入的是上海市。2003年9月10日，上海市人民政府办公厅转发市教委等五个部门的《关于进一步加强本市老年教育工作若干意见的通知》，决定“开展全市统一的老年教育工作。在各级党委领导下，老年教育实行政府主管、分级管理、区县为主的管理体制。建立由市教委牵头、各涉教涉老单位的领导参加的市老年教育工作小组，按照一方牵头、各方

参与、分工负责、协调发展的原则，统筹、规划、组织、协调、指导全市的老年教育工作。区县、街道和乡镇也应建立相应的工作小组。市、区县老年教育工作小组办公室可设在市、区县教育部门”。江苏省的苏州、镇江、南通、徐州、常州等地市都先后按照“上海模式”建构了老年教育的扁平化管理体制，均取得了老年教育的长效发展。

综上所述，中国老年教育宏观管理体制的演变实际上可以概括为：由党委组织部、老干部局的“管办合一”，经历“老年大学＋老年教育社团”和“建立具有行政管理职能的老年教育领导管理机构”两个过渡形态，实现由政府教育部门牵头、其他涉老部门协同管理的老年教育扁平化管理模式。

（二）多元化的老年教育管理体制

我国老年教育管理方式，经过近 40 年的工作实践，形成了多元化的老年教育管理模式，主要包括如下六种。

1. 以组织部和老干部局为主的管理体制

这种模式的特点：一是强调老干部局的作用；二是把老年教育领导小组办公室设在老干部局。山东省、黑龙江省、江西省景德镇市和湖南省长沙市主要实行这种模式。山东省规定，全省各级老年教育由省委、省政府主导，“由组织部、老干部局负责管理”，“由老年大学协会协调和指导”。黑龙江省老干部局颁布了《关于进一步加强全省老年大学工作的若干意见》，明确规定老干部局加强对老年大学“监督和指导，把老年大学办学工作纳入老干部工作的工作职责和总体工作目标”，规定了老年大学近期主要任务，包括办学机构、领导职责、管理机构、工作人员设置、规章制度、档案文件管理等校务管理；基础设施和办学条件的要求；教学管理；师资和管理人员队伍建设；老年教育理论研究等。

2. 各级老年教育工作委员会管理体制

部分省、市根据老年教育工作的现实需要，相继成立了老年教育工作委员会，主任、副主任由在职市、县级领导和原市、县级领导同志担任，成员包括县委组织部、县教育局、县财政局等有关部门，负责统筹、协调和推进老年教育工作。

老年教育工作委员会的主要职责：一是制定老年教育发展规划并逐级确定实施措施；二是协调指导老年教育工作，理顺各个方面的关系；三是组织老年教育理论培训和干部培养；四是开展评优活动；五是为基层老年教育服务。这样就形成了对各级老年教育的宏观管理机制。

在实践中，依托老年教育工作委员会对老年教育进行统筹管理的模式，能够及时解决老年教育工作中遇到的新问题，为老年教育事业的快速开展提供了强有力的组织保证。

3. 以老年教育领导小组＋教育行政部门为主的管理体制

这个模式突出了老年教育管理主体是教育行政部门，有的地区还加上老年教育协会。如老年教育事业走在前列的上海市，早在1984年3月，在酝酿开办老年大学时，市领导就明确由市教卫办牵头，市委组织部、老干部局等有关部门参加，并组织实施。1993年10月成立上海市老年教育协会，市政府明确老年教育要由市教委主管。1998年上海市教委颁布了《上海市老年教育机构设置的暂行规定》，为上海老年教育规划发展提供了办学的规章依据。2003年2月，上海市委市政府召开市老年教育工作会议，为贯彻会议精神，市教委、市民政局、市老龄委办公室、市财政局、市文广影视局等单位联合签署《关于进一步加强本市老年教育工作的若干意见》，明确规定“一方牵头，各方参与，分工负责，协调发展”的老年教育管理原则和管理体制。

4. 企业、高校、部队自主管理体制

国有企业主办老年大学，如北京燕山石化老年大学、胜利油田老年大学、广州钢铁集团老年大学等。事业单位或公立大学主办老年大学。这类老年教育机构因其特有的文化氛围、良好的师资条件、完善的教育资源而受到老年人的青睐，如较早创办的中国科学院老年大学、中央党校老年大学、北京师范大学老年大学、武汉大学老年大学、南京大学老年大学等。部队主办老年大学。这类老年大学主要依托部队干休所办学，实行“校所”结合。

5. 非国有公助老年大学的管理体制

非国有公助即由社会力量办学，国家给予一定经费或物资投入的老年大学。比如，天津市老年人大学、北京市海淀老龄大学等均属此类。天津市老年人大学是在天津市教育局社会力量办学处登记注册的学校。其由市政府拨款资助办学，校舍也由市政府统筹解决，校舍的改造等均由市政府专项拨款进行。北京市海淀老龄大学也是由社会力量办学、区政府拨款资助的学校。该校成立于1984年9月5日，是北京市第一所老年大学，归属区社会力量办学，实行办学许可证制度和法人制度，办学校舍和设备由区政府解决，办学经费除社会赞助和创收外，还依靠区财政按照区行政事业单位实行预算拨款补助。

6. 社会力量办学的管理体制

非国有老年大学，即依靠社会力量办学，由企事业组织、社会团体、其他社会组织及公民个人独立办学。非国有老年大学自筹办学经费，并按“非学历社会力量办学”的规定，缴纳营业税、所得税和附加税。比如，北京太阳城老年大学就是民间自主办学的成功例证。又比如，浙江杭州绿城颐乐学院也属于非国有老年大学。目前，这类老年大学有进一步发展的趋势，在老年大学的百花园中，形成了一道独具特色的风景线。

以上 6 种管理模式，在我国老年教育发展史上都有一定的合理性，都为促进中国老年教育的发展进行了有益的探索。

（三）老年教育的协调指导机构

在各地推进老年教育事业发展的过程中，有些省份创新了老年教育管理模式，如安徽老年大学协会探索出的“三位一体”的老年教育新模式。“三位一体”的“三位”，即老年大学协会、老年教育工作委员会、老年大学。“三位一体”的“一体”，即老年教育。省老年大学协会负责行业指导，各市老年教育工作委员会负责行政推动，基层老年大学负责教学实施。行业指导、行政推动、教学实施三管齐下，多措并举，共同推动老年教育事业发展进入新时代。

二、老年教育行业协会（老年大学协会）的管理体制

老年教育行业协会（老年大学协会）是老年教育事业的重要推动者、指导者、引领者。其方向明确、业务广泛、资源丰富等众多的行业教育优势，是当今新时代下老年教育事业稳步发展的重要力量。

（一）职能作用

1. 指导作用

主要表现在三大方面：思想指导、组织指导和行业指导。具体而言，在思想上，增强各级老年大学的责任感与使命感，坚持正确的办学宗旨与办学方向；在组织上，设立专业委员会，围绕协会的工作部署，开展大量卓有成效的工作；在行业上，依托各地老年大学（学校）及其他老年教育机构开展理论研讨、教育研究等各种活动，带动老年教育整体发展。

2. 推动作用

主要包括推动老年教育委员会（以下简称老教委）机构健全；推动示范校创建，建设一批基础老年学校省级或市级示范校，增强基础老年学校活力，以期逐步缩小老年教育城乡差距；推动“三教”（即教师、教材、教学）系统规范化建设。

3. 咨询作用

主要是积极配合老年教育相关文件的起草工作；积极参与调查研究；参与老年教育立法座谈会。

4. 联络作用

主要包括同老年教育相关主管部门联络；与中国老年大学协会联络；同其他省市级老年大学协会联络；与长三角老年教育协作组织联络；与会员校联络。

（二）主要任务

一是督促推动老年大学党支部、老年学员临时党支部主体责任落实。

二是校际交流。积极开展老年大学校际间的经验交流、信息沟通。

三是规范办学。推动老年大学规范化建设，不断提高办学水平和教学质量。

四是开发教材。负责优秀教学大纲、教材的推荐及编写。

五是师资培训。鼓励老年教育机构的专任教师和管理人员在职进修老年教育专业课程，攻读相关专业学位。提供平台培训老年教育管理人员和教师。

六是理论研究。依托有关高校、科研院所、老年教育机构等建立若干个老年教育研究基地，开展老年教育基础理论研究。

七是文化活动。积极开展老年社会文化活动。

八是远程教育。推动开放大学和广播电视大学举办“老年开放大学”或“网上老年大学”，并延伸至乡镇（街道）、城乡社区，建立老年教育学习点，扩大老年教育覆盖面。

（三）业务平台

中国老年大学协会下设有学术委员会、教学工作委员会、宣传出版工作委员会、远程教育工作委员会、高校工作委员会、企业工作委员会等专业委员会。相应地，一般省级老年大学协会通过“三大平台”实行业务指导。一是专业指导平台。协会内设文化体育、宣传出版、教学工作、学术工作、远程教育五个专业委员会。通过年度工作要点指导各市、县老年大学工作。二是规范指导平台。协会通过组织“全国示范校”建设和“省级示范校建设”，推进老年大学建设的规范化。三是交流指导平台。协会通过网站、培训、论坛、评比、表彰等不同形式搭建全省老年教育校会之间、校校之间的交流平台。

三、老年大学的学校管理制度

（一）老年大学的机构设置与职能

老年大学是我国老年教育的载体，学校管理是其办学中的重要篇章。而建构学校管理组织机构是学校管理建设的前提，也是老年大学有效办学的保障。从教育管理学的角度来说，老年大学的学校管理是学校领导和系班管理者根据学校办学目标，按照一定程序，充分发挥学校内部人、财、物等各方面的作用，充分利用校外各种有利条件，组织协调全体员工有效实现学校教育管理目标的过程。

1. 学校组织机构模式

（1）二级三层管理组织机构模式。即“领导决策层—组织管理层—基层单位”。这在老年学校办学初期或办学规模小型的老年学校比较多，其管理模式层次简洁。

（2）三级四层管理组织机构模式。即“领导决策层—管理组织层—组织执行层—基层单位”。这类多层次的管理模式是在老年大学发展中逐渐形成的，为当前许多较大规模的老年大学所采用。

以上两类管理模式中，三级四层管理组织机构模式的管理功能更趋于完备，是在前一模式基础上随着老年大学的发展而形成的。其中，学校党组织、行政领导班子一级是学校的领导决策层，处于学校管理的最高地位；教务处等相关部门是学校管理的第二级，亦称为学校管理的中层，是学校的管理组织层，且会根据管理功能的需要增设相关的管理部门，如办公室、财务、后勤部、学员团队管理机构、分校管理机构等；第三级为系（学科组或班主任），是组织执行层；班级是学校管理中的最基层单位，是在以上三级的领导、管理下具体执行操作的层次。

实际上，不同的管理层级其管理功能在学校实际管理中既有分工又有交叉。因此，每所老年大学都会制定相关的规章制度对各层级的管理功能给予明确与制约。

2. 学校领导决策机构设置与职能

（1）学校党组织。老年大学必须坚持中国共产党的领导，全面加强党的基层组织建设，坚持社会主义办学方向，全面贯彻党的教育方针，积极推进基层服务型党组织建设，引导党员和广大老年学员在学习和活动中践行社会主义核心价值观。

（2）学校行政领导班子。学校设校长一名、副校长若干名。校长应具备必备的基本素质，以先进的理念、科学的方法、严格的制度等实施学校的教学管理，全面主持学校工作。应重视配备懂教育、善管理的人才担任副校长，吸引有热情而内行的专家加入学校领导班子。

（3）学校董事会或理事会。非国有老年教育机构应当依法设立由举办者、办学机构负责人、教职工代表等人员组成的决策机构——学校董事会或理事会，审议、参与学校章程、规章制度、发展规划、年度工作计划的制定与修改以及办学经费安排等。

3. 学校组织管理机构与职能

学校根据办学规模和实际需要，配备中层骨干和专职管理人员，负责校务管理和日常教育教学管理工作。办公室、教务处、后勤处、教研室是老年大学四个基本的内设机构。规模较大的省、市、县老年大学还可增设宣传处、文体处、远程教育处、财务室、艺术团、招生办等其他机构。规模较小的县以下老年学校可设教务处或办公室等。

（1）办公室职能。办公室是学校的综合职能部门。总的工作要求是“党务落实，参与政务，管理事务，搞好协调，做好服务”。具体负责落实学校党组织决策事项和党建日常工作，处理日常行政事务，协调与有关部门的关系，搜集、整理学校重要资源；做好文书处理、信访接待、宣传报道、综合治理等其他工作。

（2）教务处职能。制定学校教学总体规划，指导各学科的教学工作，编制校历和学期总课表；做好学员的学籍、教学业务资料和计划总结等工作，负责审核教材的选用、征订和讲义的编印工作；坚持以教学为中心，检视教学大纲、教学计划、教学进度、教案和备课等情况，开展教学常规检查等交流活动；做好教师、学员管理工作，关注课堂教学，提高教学质量。

（3）后勤处职能。总的工作要求是做好后勤保障、财务管理、招生报名、安全服务、资产保管等，为教育教学和各种活动提供优质服务；合理安排、使用教育经费，负责教学设备的更新、采购、保管、维修等工作；做好招生宣传和报名入学等工作，优化办公和教学环境。

（4）教研室职能。组织、指导开展老年教育理论研究，指导、推动各学科科研工作，探索教学改革的新途径，组织培训和理论研讨会，组织论文征集与交流；开展重大学术课题研究成果的申报、评审和奖励的工作，形成有理论创新意义和应用价值的科研成果。

（二）老年大学管理制度建设

在学校管理中，制度起着导向、预防、激励、调节内化的作用。学校发展目标需要统筹规划，需要有目的、有计划、分层次地逐步实施。教学、科研、学员管理、后勤服务等各项日常工作需要密切配合，各项工作的开展需要用制度来相互协调、衔接、互补。规范化的制度建设，需要遵循科学、依法、以人为本、刚柔相济、全面协调的原则。各级老年大学应依法订立章程，建立并实施管理制度，各项管理制度应符合老年教育教学规律，体现为教学服务、为老年学员服务的原则。主要管理制度应包括教务教学管理、行政管理、后勤服务与财务管理、安全保障、科研管理和校园文化管理等制度。

1. 教务教学管理制度

建立完善的教务教学管理制度，包括但不限于教师、学员的课堂管理制度，学习需求调查机制，教学质量管理和教学评价制度，课程或专业建设制度，教师岗位培训制度等，并在实施过程中逐渐完善。

2. 行政管理制度（包括人力资源管理、会议和档案管理）

规范机构人员管理；制定人力资源规划，有关人员招聘、培训、考核奖惩、薪资、辞职辞退等人员日常管理制度；注重档案管理和会议管理，应形成规范齐全的档案资料。

3. 后勤服务与财务管理制度

制定后勤服务制度，完善财产物资管理和医疗卫生保障制度，建立严格规范的财务管理制度，合理安排、使用教育经费，财务账目符合规范要求。

4. 安全保障制度

建立健全安全管理工作机制和安全保障应急机制，制定完善的安全管理制度，重大活动有安全预案，配备必要的专任安全管理人员，落实各项安全防范措施，切实维护师生安全。

5. 科研管理制度

实行“以教学为中心，以科研为引导”的办学方针，建立课题研究计划、课题管理和其他配套的科研工作制度。

6. 校园文化管理制度

校园文化与课堂教学是老年大学的两个重要教育渠道。老年大学应积极制定校园文化建设和校园文化活动管理制度。

（三）老年大学民主管理制度建设

民主管理制度是建立现代学校制度的重要一环，更是老年大学组织机构和管理制度建设的基础性环节。由于老年大学师资队伍、教育对象和学习方式的特殊性，老年大学在开展民主管理时，应在建立有教师和学员代表参与的校务委员会的同时，建立教师、学员和学习团体等各自的民主管理机构。

1. 校务委员会

老年大学的性质和特点要求其实行民主管理，其领导体制和管理模式也必须讲求民主。老年大学应当依法设立由举办者（或其代表人）、办学机构负责人（院、校长）、教职工代表等人员组成的校务委员会。其中 1/3 以上的人员应当具有 5 年以上教育教学经验。老年大学校务委员会既是决策、审议机构，又是民主管理和监督机构。校务委员会主要负责审定本老年大学的发展规划、年度工作计划、招生培训计划及活动方案，落实教师聘任、经费预算、课程设置、奖惩办法等重大事项。

2. 学校教职工代表大会（教代会）

教师既是教学活动的实施者，也是教学的管理者。老年大学应遵循《教师法》的基本精神，实行教师民主管理制度，维护学校专兼职教师的合法权益。老年大学应依法建立教职工代表大会制度。《教育法》明确规定：“学校及其他教育机构应按照国家有关规定，通过以教师为主体的教职工代表大会等组织形式，保障教职工参与民主管理和监督。”教代会是教职工依法行使民主权利、参与学校民主管理和民主监督的基本形式，是校务公开的基本载体，是建设现代大学制度的重要组成部分，是学校民主政治建设的重要内容。教代会行使审议建议权、审议通过权、评议监督权及职权。教职工的意见和建议，以会议决议的方式提出，经教代会审议通过后生效。

3. 学员民主管理（学员党组织、班级组织、社团组织、志愿组织）

（1）学员党组织建设。加强老年学员党组织制度建设，弘扬社会主义核心价值观。党员学员应在学习和活动中起到先锋模范作用，通过学习活动，带头遵章守纪、以身作则，潜移默化影响群众，同时接受群众监督，强化党员意识和责任意识。

（2）班级管理。班级是学校管理中最基层的单位，班委会制度最能体现老年学员民主管理、自我教育的功能。班级管理应从完善班级管理制度、抓好班委会组建、协调好各方面关系出发，充分发挥学员自我管理的潜能和智慧，建立和谐、友善、稳定的班级集体学习环境。

（3）社团管理。老年大学学员社团组织主要分为两大类：管理性的如学委会、校友会等，专业性的如合唱团、舞蹈队和书画院等。学员社团管理要制定章程和制度，发挥学员骨干作用和学员民主管理作用，强调团队精神，增强感情纽带，注重正面教育。

（4）志愿组织。随着越来越多学习团体、社会团体和老年志愿者队伍的涌现，学校需要建立不同类型的学习团队民主管理制度和老年志愿者服务章程，通过开展多种喜闻乐见的文体活动和公益活动，引导老年志愿者发挥余热，以实现老年学员老有所为、老有所乐。

参考文献

［1］高开华. 省级老年大学协会的重要作用——以安徽老年大学协会为例［M］. 学习与思考：老年教育工作笔记，2020.

［2］陆剑杰. 老年教育学［M］. 南京：河海大学出版社，2018.

［3］岳瑛. 老年教育专题——老年学习与教育［M］. 北京：国家开放大学出版社，2016.

［4］王克忠. 关于老年教育管理体制模式改革的几个问题［J］. 科学发展，2015（9）：84-92.

［5］上海市老干部大学办学工作者. 老年大学学校管理组织机构及其功能的探讨［EB/OL］. http://www.shlgbdx.cn/home/Content/284.2020-05-25.

［6］郑炜君，李沅栋. 改革开放以来中国老年教育政策变迁与特征分析［J］. 当代继续教育，2020（2）：67-74.

第四章
老年大学文化建设

“文”与“化”两字，在我国目前出土的甲骨文中已有。之后随着人类社会实践发展，“文化”的内涵不断发展。近代意义上的“文化”，特别是今天我们广泛使用的“文化”，尤其是作为人类学研究重要范畴的“文化”一词是个舶来品。目前学界公认的“文化”最早的使用者是英国著名文化人类学家泰勒爵士。他在《原始文化》一书中指出：“所谓文化或文明乃是包括知识、信仰、艺术、道德、法律、习俗，以及作为社会成员的个人获得的其他任何能力、习惯在内的一种综合体。”社会发展到近代，马克思主义认为，文化是人类在社会历史发展过程中创造的物质财富和精神财富的总和。文化的外延包括物质文化、制度文化和心理文化三个方面。物质文化是指人类创造的物质文明，包括交通工具、科技产品、日常用品等，它是一种可见的显性文化；制度文化和心理文化分别指生活制度、家庭制度、社会制度以及思维方式、宗教信仰、审美情趣，它们属于不可见的隐性文化，包括文学、哲学、政治等方面的内容。人类所创造的精神财富，包括宗教、信仰、风俗习惯、道德情操、学术思想、文学艺术、科学技术、各种制度等。换言之，广义的文化，是指人类社会历史发展过程中创造的物质财富和精神财富的总和，即人类改造自然和社会过程中所创造的一切，都属于文化的范畴。狭义的文化，是指社会的意识形态，即精神财富，如文学、艺术、教育、科学等，同时也包括社会制度和组织机构。

第一节　老年大学文化建设概述

党的十九大报告指出："文化是一个国家、一个民族的灵魂。文化兴国运兴，文化强民族强。"老年人的文化意识培养和文化自信的培育应该是个持续不断的过程，而老年大学已成为文化养老的重要阵地，老年大学的办学观念、文化场所和学习生态环境，都为文化养老提供了必备的条件。因此持之以恒地推进老年大学文化建设，是保证文化养老的必要条件。

一、老年大学文化界说

（一）老年大学文化的定义

根据马克思主义原理，老年大学的文化内涵是老年大学在历史发展过程中所创造的物质财富和精神财富的总和。其外延包括老年大学的校园建设、制度建设、作风建设、办学宗旨、办学目标和培养对象的素质等，还包括以物质文化为载体、观念文化为指引、制度文化为保障的文化实体，是衡量老年教育发展水平的重要标志。

（二）老年大学文化的构成

根据马克思主义对文化的界定，老年大学文化构成应包括如下几个方面。

1. 物质文化

老年大学的物质文化主要是指老年大学校园硬件建设，主要包括：校园内的环境布局、教学楼的环境氛围、走廊设计与配套服务设施（如提醒标识、饮水器、课间休息座椅等）、适老的厕所设施、教室里的多媒体设施、网络、空调等。所有硬件建设都充分体现以老年人为本的人性化设计和服务。

2. 精神文化

老年大学的精神文化集中体现在办学宗旨、办学目标、校训校风、工作理念、教风学风、校歌校标、行为规范等观念意志的引领上，体现在全校教职员工为老年人接受继续教育的服务态度上。如老年大学的系班主任对老年学员用心服务，对教学精细化管理，体现出老年教育工作者尊重老年人、敬仰长者的道德风范；教师冒着风雨坚持准时到课，讲课时根据老年学员的心理特征耐心讲解，都体现出老年大学特有的精神面貌和行为规范。

3. 制度文化

我国老年大学从诞生至今走过了三十多年的历程，摸索出了一整套适合老年人学习的学校制度。这些制度涵盖了学校章程、课程管理、教学管理、科研管理、学员管理、教师发展、人事管理、后勤管理、物资管理、财务管理等方方面面。正是这些制度，保证了老年大学教学的正常运转，逐步提高了教学管理水平，不断提升了老年大学的教学质量，使老年学员走进老年大学就有温馨感和归宿感。

（三）老年大学文化的历史成因

1. 政治因素影响

我国老年教育诞生于1983年，源于老干部离退休制度，带有明显的政治因素。老年教育长期以来被看作党的组织工作和老干部工作的一部分，老年大学办学首先要求政治立校，强调党的思想路线、方针政策对学校的指导作用，强调党组织的战斗堡垒作用，政治教育活动也成了老年大学教学活动的重要内容。

2. 经济因素影响

老年大学文化建设与我国经济发展形势密不可分，从计划经济向市场经济转换过程中，老年大学面对的教育对象发生了深刻变化。1996年，老年大学逐渐向基层延伸，相关部门慢慢意识到老年教育要面向社会、面向基层、面向全体老年人。1996年我国颁布了《老年人权益保障法》，把老年教育纳入老龄工作之中，老年大学工作被看作国家老龄工作的一部分。经济发展和老龄化迅速发展使老年大学接收越来越多的受教育对象，文化内涵越来越丰富，文化形式随着市场经济的发展也趋向多元化。

3. 社会因素影响

社会发展带动文化的进步，老年大学不断吸纳新事物、新观念，扩充自身文化的内涵和外延。老年大学文化不是静止不变的，是个动态的建设过程，是在社会与老年人的双向推动中进步的。从20世纪80年代初老年大学以怡情怡趣为办学目的，到当下倡导文化养老，办学宗旨的深刻变化正反映了社会进步带来的办学目标的深化。因此社会因素是促进老年大学文化建设的动力之一。

二、老年大学文化的特点

（一）人文性

人文精神的核心就是“以人为本”。也就是说，要把人放在最重要的位置上，要尊重人的价值。人文精神是一种普遍的人类自我关怀，表现为对人的尊严、价值、命运的维护、追求和关切，对人类遗留下来的各种精神文化现象的高度珍视，对一种全面发展的理想人格的肯定和塑造。从某种意义上说，人之所以是万物之灵，就在于它有人文，有自己独特的精神文化。人文精神不仅是精神文明的主要内容，而且影响到物质文明建设。它是构成一个民族、一个地区文化个性的核心内容，是衡量一个民族、一个地区的文明程度的重要依据。正因为如此，老年大学文化首先倡导人文性——“以老年人为本”。

（二）多样性

老年大学的教育对象较复杂，使其文化形态呈现多样性。教育对象的成人化，使个性化特征明显，其文化表现形式不一。

文化多样性还表现为学习选择的多样性。有的老年人重视情趣培养，有的重视知识补充，有的重视技能训练，所以老年大学课程不是整齐划一，而是按需设置，匹配个性化需求。课程类别的多样性，催生了文化的多样性。

文化多样性表现为地域性特征的多样性。各地老年大学办学风格上多根据本地老年人的需要，量身定制一些地方性文化课程，突出地方文化特色，而地方文化恰恰是老年人个性特点的反映，聚集在一起使老年大学文化内涵多种多样。

（三）渐变性

一方面，老年大学是老年人因受教育而聚合的场所，另一方面，在开展教育活动过程中，老年大学也在不断推动其文化发展。老年大学追随社会不断建设自己的文化体系时，课程门类的丰富、课程内容的拓展、师资力量的强化，都渐进式推动着老年大学文化视野的拓宽。

老年大学文化渐变性表现为老年大学对社会新变化吸收较慢。因为老年人生理、心理的固化，对新生事物的理解和接受相对较缓慢，所以文化再融入过程周期长。

老年大学文化渐变性表现为老年大学文化的持续发展，信息技术带来社会加速进步，老年人也在主动或被动地寻求变化，适应这个社会的节奏，所以文化变化是必然的。

三、老年大学文化建设的意义

（一）塑造现代精神价值

老年大学突出铸魂立人，坚持政治立校，突出社会主义核心价值观来开展教学活动，为老年学员提供精神支撑。老年人退休后，老年大学承接了精神建设的任务，用新时代的楷模故事、爱国故事引导他们蓄积正能量。

老年大学坚持传播党的声音，将思想政治教育贯穿办学全过程，将老年大学建设成为老年人的精神家园。以形式多样的主题教育活动，满足老年人的精神需求；提高老年人的政治站位，引导他们以积极的心态、历史的眼光，看待国家的发展变化，传播好中国声音，给社会带来正能量，营造健康向上的氛围。

（二）培养现代社会行为习惯

老年大学文化教育的外显化和具体化之一是规范人的行为。首先，老年大学引导了老年人日常行为。“勿以恶小而为之，勿以善小而不为，惟贤惟德能服于人”，老年大学注重从日常生活的细处、小处着眼规范行为，在细小处彰显文化指导意义，真正让文化变成自律的准则。其次，老年大学引导了老年人道德养成。道德养成绝不是一朝一夕成就的，这是个人不断自省、约束自己行为的过程。老年大学注重法规纪律的培育，引导老年人自律，自觉规范自我行为；树立榜样教育老年人成为文明人、有道德的人，成为社会典范。

（三）培育现代文化意识

强化了文化自觉意识。文化自觉是文化自信的基础，文化自信是以文化自觉为前提的。老年大学强调文化自觉，引导每个老年人自觉地吸纳文化资源，把自己当作文化的移动载体，主动地传播文化，实践文化。只有达到文化自觉，才能让文化在我们身上生根发芽，香飘四野。

强化了文化自省意识。文化自信并不是文化盲从和自大。如果自认为中华文化臻善臻美，这样就落入了文化保守主义的陷阱，不利于文化的创新。“吾日三省吾身”，反省的是个人的思想和行为，这是对个体文化范式的省察和督促，只有自省才能自律，才能使自身文化不断完善。

强化了文化自强意识。文化自强是文化自信的根本表征，文化自信不等同于文化自强。文化自强是对文化自信的不断实践、强化和延展，文化自强建立在文化自省的基础上，是对文化短板不断充实完善，保证文化优化，夯实文化自信的过程。

第二节　老年大学物质文化建设

一、老年大学物质文化的内涵

（一）老年大学物质文化定义

物质文化是指人类创造的物质文明，包括交通工具、科技产品、日常用品等，它是一种可见的显性文化。老年大学物质文化是老年大学一切直观、可视的物质性对象的总和，是老年教育存在和发展的物质条件和客观环境。主要包括老年大学校园内各类建筑物、教学设备、活动场地、文体娱乐设施等可触的教学设施设备；还包括校园整体规划布局，环境布置、绿化、美化、标语等环境布局。老年大学物质文化建设为老年大学各项教学活动开展提供物质环境，是展现学校特色、实现老年大学培养目标的重要方式，是被物化的“文化意境”。

（二）老年大学物质文化建设的特点

1．物质性

老年大学物质文化是学校在建设和发展过程中逐渐建立和完善起来的，遵循从基础物质建设到具体实践，经总结、提炼达到文化高度，表现出不同发展时期形成的风格与特色，是师生通过感官可感受的一切物质对象的总和。

2．实用性

物质存在的最大意义就是供人使用，物质文化建设落脚点同样也在“用”上。老年大学物质文化建设是为满足老年教育教学所需，为老年人实现“老有所学、老有所为、老有所乐”提供物质载体。老年大学物质文化建设的出发点和落脚点都必须是满足老年教育需求及由老年人身心发展特点决定的在校期间的使用需求。

3．人文性

人文精神的内涵包括知、情、意等方面，人文性着眼于物质文化对所处其中的人的思想、感情等的熏陶和感染。物质文化建设要体现其人文性，以人为基础，体现人性，满足人性所需。老年大学物质文化建设将校园环境与老年人的情感需要融为一体。

（三）老年大学物质文化建设的功能

1．感染人

老年大学物质文化建设通过老年大学精心设计的可视、可触环境及其营造的氛围陶冶师生思想情操，使其自觉地被物质文化的氛围所吸引、感染、同化。老年大学物质环境至关重要，校园的建筑、设备、环境装饰及文化点缀等，时时刻刻都在潜移默化地感染着师生，使置身其中学习的老年人获得精神上的愉悦和思想上的提升。

2. 激发人

老年大学物质文化所折射出来的是各个老年大学对传统文化的思想精髓和价值的认识，它能激发出师生内心的信念和奋发向上的热情，促进师生产生归宿感、自豪感，从而使其对学校产生感情和热爱，进而升华为对国家、民族的情感认同，激发起高尚的爱国主义精神，并对其世界观、人生观起到积极作用。

3. 引导人

物质文化是一种无声的教育导向，它以特有的象征符号向人们传输某种思想、规范和价值标准。老年大学的报刊、广播、宣传栏等展示的内容无不对师生产生着引导作用，因此，优秀的校园物质文化建设对学校的校风、人际关系、学校精神等都会产生强烈的凝聚力和明确的导向作用。

二、老年大学物质文化建设的问题

（一）对老年大学物质文化的认知模糊

一些老年大学，特别是较为贫困地区的老年大学、社区老年大学等，自身条件有限，对学校物质文化建设并没有清晰的定位和清醒的认识，使老年大学整体发展受到影响；还有部分学校将物质文化建设简单理解为美化与绿化校园，单纯地增加设施等硬件，没有相应的导向性和系统性，导致物质文化建设没有全面有效地发挥应有的作用；还有部分学校未深刻认识与理解物质文化建设的意义，只关注到面上的使用性，没有注意到物质文化建设的教育及文化功能。

（二）老年大学物质文化布局不合理

由于缺乏对校园物质文化建设的整体认知，规划仍然比较单一，大部分老年大学在办学理念及自身局限性的影响下，物质文化建设形式过于单一，方法陈旧，缺乏对物质文化内涵的宣传、探讨、挖掘，没有将物质文化设施所具备的精神内涵展现出来。还有一种倾向就是盲目追求特色文化，未理性分析与发展自身校园物质文化，未能从多方面体现学校自身的教育精神和办学理念。

（三）老年大学物质文化建设的评价体系不完善

老年大学发展了三十多年，各地尚未有相对统一的发展模式。老年大学校园物质文化建设也没有一套完整的行之有效的标准与规范，老年大学校园物质文化建设还处于摸索阶段，各地老年大学也尚未在规范、全面、系统的框架范围内对校园物质文化进行思考、运作，整个物质文化建设的评价体系还不够完善。

三、老年大学物质文化规范化的建设原则

（一）主体性原则

人是社会的主体，老年大学的各级领导、员工及参与学习活动的老年人都是老年大学物质文化建设的主体。贯彻主体性原则，即充分利用和调动人的热情、潜力和积极性，激发他们内心的灵感和创造力，将这些思想渗透入老年大学物质文化建设过程中，

形成真正适合老年大学发展，适合老年学员学习、活动的校园物质文化。

（二）方向性原则

方向性原则体现出的是老年大学物质文化建设的根本性质，是老年大学物质文化建设的基本要求。老年大学物质文化是老年大学精神的载体，承担着物化感染的功能，在老年大学建设和发展过程中发挥着举足轻重的作用。老年大学物质文化建设必须根据地域特点及现实需求，沿着正确的政治方向、思想方向、价值方向前进，让老年大学物质文化建设以全面落实党的老年教育方针为目标，以坚持为老年群体服务和为社会服务为己任，体现出物质文化建设的自身价值。

（三）系统性原则

系统性原则是指老年大学物质文化建设是一个系统工程，虽然有着多个方面，但最终共同形成一个完整的整体，各子系统各显其能，协调发展，使得其职能得到充分发挥。老年大学物质文化建设必须遵循系统性原则，在建设过程中整体构思，统筹规划，全盘考虑，科学布局，整体设计，突出重点，做到系统完整。

（四）开放性原则

开放性原则是指老年大学物质文化建设不可在封闭的环境中进行，要充分重视与社会文化相结合，对其充分吸纳和借鉴，并结合老年教育自身特点，转化、改造、突破，从而产生特有的适合老年大学的物质文化。

（五）创新性原则

创新是民族进步的灵魂，是国家兴旺发达的不竭动力，老年大学物质文化建设亦需创新。老年大学物质文化建设要在社会发展的前提下，从自身特点及需求出发，结合地域文化的特色，创新自身内容和形式，不断提高老年大学物质文化的品质，激发潜力，生发动力，焕发活力。

第三节　老年大学精神文化建设

一、老年大学精神文化内涵

老年大学的精神文化是老年大学校园文化的精髓与核心。理念文化是老年大学的办学理念、办学方针、办学目标、校风、校貌、价值认同的规范与概括，是老年大学本质、个性、精神面貌的集中反映，是学校特色的重要体现，是学校发展的灵魂。

（一）老年大学的基本理念

老年大学的基本理念包含了学校办学的核心理念、学校校风建设等。核心理念是学校发展必须遵从的、指导教学行动与管理活动的最高价值标准，是校园文化乃至学校一切行动的起点和归宿。

办学理念，即办学思想，是关于“办什么样的学校”和“怎样办好学校”的问题，是老年大学全员必须遵从的基本价值取向，它是全体师生对学校未来发展趋势的共同愿景的体现，是学校对提升学校质量和增强学校特色的总结概括性体现，是老年大学肩负社会责任、致力于使广大老年人老有所乐、老有所为、老有所学的体现。

校风建设，即老年大学校园精神的塑造。校风包括学校管理层的工作作风、教师的教风、班级的班风、团队的团风以及学校的学风。从表现形式上看，包括校训的制定、校歌的谱写、校徽和校旗的设计等。良好的校风具有号召力和感染力，使学校的干部、教师、学员以及后勤保障人员等都能有着最为和谐愉悦的心理状态，并以此激发他们的内在动力，展现积极向上的面貌。

（二）老年大学的管理服务理念

我国大部分老年大学隶属于老干部局，具有一定的行政性。同时，由于老年大学招生对象的特殊性、教师队伍的特殊性以及干部队伍的独特性，因此，在精神文化中也具有管理和服务两层理念。

管理理念，即学校管理工作中的基本准则。管理是实现各种要素有机结合的关键，是制定制度文化的依据和标准。管理理念包括学校的用人观念、用人思想，要求做到广泛发掘人才、充分尊重人才、放手使用人才、精心培育人才，给予全体校园人足够的成长空间。

服务理念，即学校各级领导对干部职工、学校全体干部职工对教师和学员、教师对学员应遵循的理念。老年大学区别于学历教育类型的学校，更具情感与爱，老年大学的服务理念要使领导与干部职工之间、干部职工与教师和学员之间、师生之间如朋友般亲密，使教师感受到亲切，使学员感受到关怀，使全体校园人共同感受到快乐。

二、老年大学精神文化的主要功能

（一）提高思想认同

老年大学校园文化的内涵是极其丰富的，不是所谓的几个标语、文化长廊，几场校园活动就能简单代替的，它需要有“理念”的支撑。精神文化既是校园文化的积淀，也是符合社会发展规律的现代价值观，是对理性思维的引领，是对教育规律的挖掘，是对文化建设的确立。因此，我们要在认识上有所提升。建设学校的精神文化是学校校长职责所在。同时，作为决策层还需要意识到，构建精神文化还需要全体干部、教师、学员共同参与。精神文化是学校全体成员认同并遵循的价值观念与校园精神、学校风气、发展目标等的集合，需要老年大学教职员工和广大学员共同参与建设。

（二）提高践行质量

老年大学精神文化的建设重在贯彻落实。精神文化的提炼直接影响到制度文化、物质文化的建设，甚至直接影响到学员素质的提升和学校品牌的打造等。精神文化的形成必须建立在扎实的实践基础上。然而，老年大学从成立至今，大多数都是作为行政机构单位在进行管理，很少在学校发展、理念探索、办学上下功夫，还有些学校自己没有对老年教育、老年大学的深层次认识和理解，仅仅把口号式、表象式的东西在纸上演绎，没有从制度上、行动上对其进行落实深化。

（三）提高办学质量

随着全球人口老龄化的到来，老年教育越来越受到重视了。党和政府不断从法规制度、资金等方面加大对老年大学的扶持，使得老年大学的办学环境有了明显的改善，文化养老有了优质的环境条件。构建先进的老年大学精神文化归根结底是为了不断提升老年大学的办学质量，不断满足广大老年人日益增加的精神文化需求，从而把老年大学办成广大老年人满意的学校。

三、构建老年大学精神文化须遵循的原则

（一）改革创新原则

由于国情特点，我国老年大学的建设没有统一的模式，都是在经验中不断探索、总结、发展，随着老年大学不断成熟与壮大，坚持特色立校成为学校提高办学质量的紧迫任务，更是建设校园文化的重中之重。为此，需要结合学校实际，用创新发展理念引领老年大学校园文化建设，突出办学思想、人文地理优势，找准校园文化建设的切入点，创建独具特色的校园文化品牌。首先，老年大学校园文化是长期发展的积淀。彰显校园文化的特色和魅力须坚持改革创新，充分挖掘学校自身的文化资源，在传承中形成校园文化特色。其次，老年大学校园文化建设还要借助地域发展特点，充分体现区域文化型或者地域文化型校园文化特色。

（二）协调有序原则

我国老年教育发展不平衡问题由来已久，因此，老年大学理念文化要以协调发展为原则，在校园文化建设中注重协调好一系列矛盾关系，以充分调动老年大学各方面的办学积极性。其中，校园文化建设中的物质文化与精神文化的关系至关重要。正确处理校园文化建设过程中物质文化与精神文化的关系，是对老年大学管理能力的考验。首先，须协调好办学思路与课程规划。老年大学要以“均衡发展中凸显特色”为原则，不能一味发展老同志“专爱课程”而导致“偏科”现象出现，要合理分配，制作合理的教学设计。另外，还须合理分配人、财、物，才能更好地实现物质文化和精神文化的有机结合。

（三）时代精神原则

建设和发展老年大学已经上升为应对人口老龄化的国家战略。进入 21 世纪后，发展老年教育成为“办好人民满意的教育”的重要内容之一。纵观老年教育发展历程，任何一所老年大学的校园文化都有着鲜明的时代印记。老年大学是党和国家联系老同志的纽带和桥梁，是老同志学习的家园、精神的乐园，是传承优秀文化、弘扬社会主义核心价值观的重要阵地，在新时代背景下谋划老年大学理念文化是我们这一代人所肩负的历史使命。

（四）价值导向原则

老同志在离开工作岗位之后，对自己的人生、价值等有自己的选择。老年大学需要坚持正确的政治方向，熏陶式地引导他们树立正确的价值观。更为重要的是，当下的老年大学在肩负党和政府的重大政治使命之后更彰显出其教育价值功能。从微观来看，要丰富广大教师和老同志的校园文化生活，通过文化氛围等不断影响和鞭策老同志，发挥他们的正能量作用。从宏观来看，要发挥先进文化的引领作用，始终把培育和践行社会主义核心价值观融入老年大学的教学中，唱响主旋律，同时还要加强革命传统教育，弘扬红色文化，彰显以人为本的价值追求。

第四节　老年大学制度文化建设

老年大学制度文化是老年大学文化精神在老年大学规章制度中的具体体现，是老年大学文化建设的重要组成部分。探究老年大学制度文化建设的目的，是要推进老年大学由传统管理模式向现代科学管理模式转变，从而提高老年大学建设水平。

一、老年大学制度文化的内涵

所谓老年大学制度文化，是指老年大学制度规则及其内在价值体系、组织运行机制和制度执行过程中所蕴含的文化总和，它是老年大学长期形成的制度意识、制度理念、制度价值、制度传统、制度习惯、制度经验、制度规则、制度条例及制度执行文化等的综合体。具体可分为规章制度层、运行机制层、价值理念层和执行文化层四个层面。

一是规章制度。即为老年大学行政管理人员和师生有计划、有目的地设计建构的老年大学各类规章制度、行为准则、组织纪律、实施条例及其内涵。规章制度内容具体明确，具有权威性、强制性和导向性，是老年大学协调各类关系，实现“规范约束”和“个性发展”和谐平衡的实践准则。

二是运行机制。即为老年大学机构设置规则、管理程序及资源分配模式等内部运行机制及其蕴含的理念、方式、方法等。运行机制是否有序直接决定了规章制度能否有效贯彻执行。

三是价值理念。即为老年大学长期发展中形成的精神文化，并由传统、习惯、经验积累等自然形成的具有一定延续性的抽象规则和制度理念。价值理念是老年大学制度文化的核心，反映并决定着老年大学的集体意志与价值取向。

四是执行文化。即为老年大学规章制度的具体实践与严格落实所包含的贯彻执行过程。执行程序是否合理有序，直接决定着规章制度能否发挥成效。

老年大学制度文化这四个层面互为前提，相互补充。规章制度层是运行机制层的基本前提，运行机制层是规章制度层的动力保证，价值理念层是规章制度层和运行机制的核心要义，执行文化层则是规章制度层、运行机制层和价值理念层的生命命脉。综合来看，从第一至第四层面，凸显出从具体到抽象、由显性到隐性、由制度本身到制度实践的特点，其内容建设比重虽然说由多到少，但缺一不可，四个层面共同构成了一个有机整体。

二、老年大学制度文化建设中存在的问题

实践已证明，只有把老年大学制度文化注入老年大学每一个人心中，拥有灵魂的老年大学制度文化才能引领老年大学健康发展。但是，现实显然不尽如人意。目前，我国老年大学制度文化建设主要存在以下主要问题。

（一）各类人员参与度不够高

现行老年大学人员结构一般包括在编（或返聘）行政管理者（干部职工）、聘请的教师、聘请的教辅人员、学员、团队人员及物业公司人员等。老年大学制度文化建设应该涵盖以上所有人员，只有让老年大学各类人员对大学制度文化入脑入心，老年大学制度文化才能生根发芽，才有生命力，才能促进老年大学发展。据相关调查，当前老年大学各类人员对大学制度文化建设缺乏积极性，参与度不高，尤其缺乏自觉参与意识。

（二）制定运行程序不够规范

老年大学制度文化建设从制定到执行应该按照明确清晰的程序规则进行，否则就会缺乏严密的操作程序，其执行性就会受到很大影响。由于现行老年大学制度文化建设基本由大学管理者主导实行，主要体现管理者意志，其规章制度的制定、执行缺乏民主程序，程序不民主、不规范就很难保障规章制度建设兼顾公平、公正、合理，从而直接导致制度文化建设缺乏生命力，也就很难实现制度文化建设的根本目的。

（三）奖惩结合实施不够科学

当前，部分老年大学制度文化建设有一个误区，就是把手段当成目的，把保证秩序作为制度文化建设的首要追求，过于注重惩罚、管控和约束，制度设计缺乏人情味和灵活性。老年大学制度文化建设的目的是要使老年大学更具稳定性，更有发展潜力，更具竞争力，所以制度文化建设应该更加注重正向激励，同时结合一定的惩罚手段，通过奖励先进，树立典型，营造全体人员积极向上、自觉进取的良好氛围。

（四）核心价值导向不够明确

随着老龄化社会的到来和老年人对老年教育需求的变化，国内外老年大学办学宗旨从单纯提高老年人生存能力向提高生存和发展能力演进，从让老年人享受娱乐型教育向养、为、乐诸方面综合型教育演进，以提高老年人的整体素质。如国外一些老年大学的核心价值理念为“实现老年人的自立与互助”“启迪老年人的智慧，促进代际交流合作”“开发老年人的潜能，实现老年人的价值”等，国内一些老年大学的核心价值理念为“明德、康乐、求知、奉献、圆梦”“增长知识、丰富生活、陶冶情操、促进健康、提高素质、服务社会”“老有所学、增长知识，老有所为、服务社会，老有所乐、健康长寿”等。早在 1997 年，第二次中国老年大学协会代表大会第一次明确提出了中国老年大学的办学宗旨，即“增长知识、丰富生活、陶冶情操、促进健康、服务社会”。总的来看，各老年大学制度文化建设的核心价值理念内涵丰富、各有特色，但核心价值导向还须进一步统一明确。

四、老年大学制度文化建设原则

（一）倡导以人为本原则

以人为本就是要重视人、关心人、理解人，一切以人为出发点，以人为归宿，尊重、崇尚和体现人的价值，由此，老年大学最重要的制度文化理念是以老年人满意为本。现代管理学家马斯洛、赫兹伯格等人也认为，应“尊重人、关心人、满足人以调动人的积极性，并创造一种能使组织成员充分发挥力量的工作环境”。老年大学的老师和学员是老年大学的核心主体，老年大学制度文化建设必须尊重广大师生的需求，潜移默化地渗透人文精神。坚持以人为本价值取向原则，要求老年大学制度设计与实施必须以广大师生的全面发展为基本依据，以激励广大师生向上向善为育化导向。对教职员工，既满足其物质需求，解决生活问题，也满足其精神文化需要，增强其教书育人、管理育人、服务育人的履职自觉性。对广大老年学员，要树立面向学员、依靠学员、服务学员的管理理念，提升他们自我执行、自我服务、自主管理的水平，鼓励他们参与老年大学管理，增强他们作为主人翁的自豪感和责任感。譬如，在教学制度制定过程中，要听取老年学员的意见和建议，避免“填鸭式”教育方法，鼓励讨论式、展示式课堂教学。

（二）坚持和谐相处原则

受功利主义价值观的影响，一些老年大学制度文化建设浮于表面，大而空的口号提得多，细而实、可操作的举措实行少，多而杂的规则不仅没有提高效率，反而造成层层设卡、敷衍塞责，阻碍了老年大学主体人员主观能动性的发挥，扼杀了创新活力。所以，老年大学制度文化建设应该大力贯彻和谐相处原则，从人性化管理理念出发，以管理控制论为理念基础，以效率和效果为目标做好规则设计，完善制度内容，同时，确保规则透明，使制度规则成为老年大学全体人员的行动自觉，从而达到追求教学质量与日常管理相和谐、单位发展与个人进步相和谐的目标。

第五章
老年大学的课程与教材

课程是对教学目标、教学内容、教学活动方式的规划和设计，是对教学计划、教学大纲等诸多方面的实施过程的总和，是对学生学习内容进程的安排，是学校教学工作的核心任务。教材，是依据课程标准编制的、系统反映学科内容的教学用书，教材是对课程标准的具体化，是对课程内容的系统表述。老年大学课程是依据老年人的需求，结合社会经济、政治、科技、文化等发展成果，从广大老年人精神文化需求出发，开设的老年学员应学习的学科总和及其进程安排。老年大学教材是根据老年人生理、心理、认知特点及其精神文化需求，专门为老年学员开设的系统地阐述一门课程知识的教学用书，是教师组织教学和学员学习的基本依据。

第一节　老年大学的课程设置

一、老年大学的课程设置

习近平总书记在主持中共中央政治局第三十二次集体学习时强调，“老年是人生命的重要阶段，是仍然可以有作为、有进步、有快乐的重要人生阶段”。这是对老年大学办学目标的集中阐释。要全面实现老年大学办学目标，要以基于老年人特点和需求的课程建设为核心，以老年大学课程设置为抓手，不断推出既能满足社会需求，又符合国家老年教育方针政策的优质课程，实现老年大学整体办学水平的提升。

（一）课程设置的依据

老年大学是实施老年教育的主要途径。不同于一般学历教育或职业教育，它有着自身的特点和规律。老年大学的课程设置，主要依据是满足需求、符合老年人特点两个方面。

1. 满足和引导老年人精神文化需求

国务院办公厅印发的《老年教育发展规划（2016—2020 年）》将老年教育内容概括为“思想道德、科学文化、养生保健、心理健康、职业技能、法律法规、家庭理财、闲暇生活、代际沟通、生命尊严”十大内容，这也为老年大学课程的设置指引了方向。老年大学课程设置，首先要满足老年人群体的需求，老年人的教育需求是老年大学课程设置的重要依据之一。培养文娱兴趣、保健养生、补缺圆梦是老年人进入老年大学的主要教育期望，开设满足老年人各类学习需求的课程，体现了按需办学的理念。与此同时，老年大学课程规划必须紧跟时代发展、社会步伐，必须反映社会经济、政治、科技和文化发展趋势和已有成果。当前已进入信息时代，老年人决不能成为信息时代的“边缘群体”。老年大学的课程规划须关照信息时代的社会现实，开出一系列帮助老年人在信息社会中“自由”生活的课程，让老年人能够自由网购，在手机网银上理财，用支付宝、微信支付，在高铁站和机场刷脸、使用电子车票，自己在 ATM 机上取票，等等。

2. 符合老年人生理和心理特点

老年大学课程设置要符合老年人群体在生理、心理上的身心发展特点。健康的身体是晚年幸福的基础。向老年人传授养身知识，组织老年人开展锻炼是老年大学在设置课程时所必须要考虑的课程类型；由于生理的衰老、病痛的折磨、配偶的去世、退休后社会角色的缺失，老年人群体在认知、人格以及情绪三个方面表现出显著的特征。因此，老年大学课程设置还应对老年人身心健康给予关注，能够结合国情教育老年人养成积极养老的态度。如开设心理学课程及心理疏导类课程，帮助老年人进行心理疏导。另外，可依据地区及民族文化特色设置一些适合本地区和民族特点的校本课程。

（二）课程分类

老年大学课程根据不同的划分标准可分为多种类型。

1. 按课程实施类别分类

（1）通识类课程

通识类课程是实现通识教育理念和目标的关键。老年大学通识类课程是指具有基础性、整体性、综合性、广博性的课程，这类课程可满足老年人积极向上、健康生活、快乐生活的学习需求，帮助老年人融入现代生活，提高生活品质，提升老年教育水平。主要包括思想政治理论课程、法律课程、金融课程、家庭教育课程、时事政治课程、文史哲课程和健康管理及生命教育课程等，通识类课程也称为公共课程。

（2）专业类课程

老年大学的专业类课程来自于按需设课，并在具备一定条件的课程基础上设置专业，专业划分既参照专业或课程文化内容的划分标准，又按照学习需求组合相关课程，通过相关课程组合接近、接触、接受学科系统知识和技能，满足老年学员在某一领域的文化知识或技艺方面的学习需求。

（3）特色课程

特色课程，一是指部分地区或学校开设的具有区域文化特色的课程，如地方戏曲、本地方言、本地农作物栽培和牲畜饲养、本地特色手工艺等课程；二是指具有个性特色的、其他地区和其他学校尚未开设的创新课程。个性化课程是基层学校依据本地、本校丰富的课程资源和人才优势，满足当地老年人深度感知地域文化和适应时代创新发展的需要而开发的具有地域特色和时代特征的课程类型。

2. 按知识分类

（1）思想道德课程

《老年教育发展规划（2016—2020 年）》（以下简称《规划》）强调老年大学课程设置应当包含思想道德课程。通过思想道德课程大力宣传党和政府的老年思政教育工作方针政策，将党政思想融入老年群体的兴趣爱好之中，潜移默化地使受众人群接受思想教育，在充实自身业余生活、满足爱好的同时又接受了思想道德教育的洗礼。

（2）科学文化课程

开设科学文化课程，使老年人学习科学文化知识，一则可以帮助老年人树立科学观，远离封建迷信；二则能够提升老年人的文化水平；三则可以延缓老年人大脑的衰老，避免与社会和时代脱节。科学文化课程在设置上应当注重实用性与趣味性。

（3）健康养身课程

健康养身课程是老年大学课程设置的重要组成部分。健康包括生理健康与心理健康，其不仅是人民群众生活质量改善的直接体现，更是个体全面发展的基础，还是经济社会发展的必要保障和重要目标。老年大学作为老年教育的重要实施阵地，对老年人开展健康教育、培养老年人的健康素养应当是老年大学的主要任务之一。

（4）艺术素养课程

艺术素养课程主要是对老年人的艺术审美观念、审美趣味与审美理想的培养，具体包括音乐、舞蹈、戏剧、绘画、电影、书法、摄影、雕塑、建筑、文学、曲艺等。提升学员的艺术素养是老年大学艺术素养课程的课程目标。

（5）生命教育课程

生命教育课程主要对应《规划》中提出的“生命尊严”教育内容。老年是人生命的最后一段旅途，面对死亡，包括亲人的死和自己的死将成为生命中不可回避的问题。因此，在老年大学中开设生命教育类课程，开展人生价值的教育，正确认识死亡，是提升老年生活品质之举。

3. 按课程形态分类

（1）显性课程也叫显在课程、正规课程，指的是在老年大学通过课程计划开设的各学科课程以及有目的、有组织的课外活动。

（2）隐性课程也叫潜在课程、非正式课程，指学生在学校情景中无意识地获得经验、价值观、理想等意识形态内容和文化影响。包括校训、校风、学校正向舆论提供的正能量方面的隐性课程，还有学校建筑、校园绿色环境、教室走廊布置等起着熏陶作用的校园文化相关的隐性课程。

（三）课程特点

1. 课程多样性特点

根据老年人对文化知识需求的不同，老年大学开设的课程内容呈现出多样性的特点，不仅包括中西文化、古今历史、诗词格律、书法国画，还包括音乐舞蹈、摄影、保健、电脑、英语、健身拳操、工艺、烹饪等。另外课程形式上也呈现出多样性的特点，不仅有传统的课堂教学，还有专题讲座、远程教育、社区办学等创新形式，对于提高老年人的学习兴趣，完善老年大学课程体系，具有十分重要的作用。

2. 课程层次性特点

老年大学的课程设置呈现出层次性的特征，一是因为老年人的文化水平差别很大，二是因为其潜能积累水平差别很大，三是因为其个人人生追求差别很大，从而显示出课程设置的年龄层次性、文化层次性、需求层次性和选择内容层次性。根据层次性的特点，老年大学在教学过程中可开展层次性教学，如一门课程可分设基础班、中级班和高级班，学员在报名时可根据自己的实际情况进行选择，学习基础较好的学员可直接选择中级班或高级班，这样便可适应老年人层次性学习的需要。另外，层次性特征还体现在知识的体系化教学，如学习书法课程的老年人，还应学习中国历史文化课程。这样可使老年人由单一技能的平面式学习向搭建专业体系架构的立体化学习转变，进一步提高老年学员的专业素质和文化素养。

3. 课程适需性特点

老年人的学习需求主要包括生活质量提升、知识技能提高以及自身能力发展等。适需性特点，是指课程设置以满足和引导老年人各方面的学习需求为主要依据，也就是“满足＋引导需求”。这样的课程设置不仅体现出老年大学“以人为本”的办学理念，而且更显示出知识的实用性、理论的实践性以及教学的实效性。

4. 课程导向性特点

老年大学的课程内容设置具有导向性的特点。课程的导向作用能使老年学员体会到生活的快乐，在愉悦之中更好地享受生活，感知人间的美好，培养老年人乐观向上的精神与豁达开朗的人生态度。另外，从社会工作角度分析老年群体的需求，社区的许多老年人尚具有一定的社会能量，乐于发挥余热，主动配合社区工作，因此课程内容设置也需要帮助老年群体继续有效服务社会。

5. 课程创新性特点

积极开展对老年大学课程的调查研究，使老年大学教育教学实践与课程研究同步发展，使老年大学课程设置取得理论突破。结合地方特色创新老年大学课程内容设置，建成有地方特色的老年大学课程体系，形成一些“特色化”“精品化”的品牌课程。

二、老年大学的课程建设

（一）课程的专业化建设

1. 课程设置

（1）以创新理念开发和设置课程，确立以老年人为本的课程定位，重视课程结构的合理性，课程层次的递进性，以及课程模块的科学性、丰富性和时代性，促进老年教育课程的专业化发展。

（2）统一标准，设置课程目标、课程大纲、课程内容、教学要求等课程标准。组织一支具有深厚专业知识和领导能力的团队制订课程规划。

（3）根据老年学员的需求意向、文化水平和价值取向的层级性，各类课程从基础课程逐步扩展至专业课程，从技法层面逐步提升到专业研究层面。

（4）开发设置呈现地方文化的特色课程。

（5）重视课程资源（隐性课程）的建设，营造各老年大学特有的教育教学文化氛围。

2. 课程教学

（1）推动教学研究，推进以课程体系、教学内容、教学方法、教学手段和考核方式等为内容的教学科研活动，使先进的教学经验和科研成果及时融入课程建设之中。

（2）通过教学公开课、经验交流座谈会、优质课堂观摩、专家辅导等方式，加强教师间的交流，注重课堂教学的反思环节。

（3）系统开展精品课程的建设。通过精品课程的建设、评定和推广，发挥精品课程对其他课程的示范性和带动性作用。

3. 课程管理

建设和完善课程管理考评体系。

（1）采取听、谈、评、写的方法加强对教师课程实施及其质量的管理和监督，建立和完善对教师的评价和激励机制，使老年大学课程管理工作更趋规范化和常态化。

（2）引入过程性评价考评体系。构建考评主体多元化、内容全覆盖、标准科学化、方式多样化、功能齐备的动态评价体系。

4. 加强合作

高等院校的师资是老年大学提升办学水平的重要资源。鼓励和接纳高等院校教师参与老年大学的发展规划，对于提升学校办学能力和水平非常重要。此外，各地区间的老年大学可以结成老年教育联盟、老年教育手拉手帮扶团队，加强校际合作交流，促进老年大学课程建设的发展。

（二）课程的体系化建设

1. 课程体系

课程体系是指在一定价值理念指导下，将课程的各个构成要素加以优化组合，使各个课程要素在动态运行过程中统一指向老年教育目标的实现的体系。

2. 老年教育课程体系化建设的构成要素

课程体系是一个由多种要素构成的组合系统，具体包括课程目标、课程结构、课程实施和课程评价。

（1）课程目标。课程目标是一个课程体系或人才培养的目标系统。

（2）课程结构。课程结构主要是指课程体系的组成、课程组织形式以及各类课程之间的衔接关系等。

（3）课程实施。课程实施指的是课程的教学活动，是检验课程目标、课程内容、课程效果的实践活动过程。

（4）课程评价。课程评价是指检查课程的目标、结构和实施是否达到教育目的，实现的程度如何，以此判定课程设计的效果，并据此做出改进课程的决策。

3. 老年教育课程建设体系化的原则

（1）课程建设精细化

课程建设要遵循老年人身心发展规律。有效组织教学能达到事半功倍的效果。很多课程可以采取逐渐进阶法。根据学习者基础和学习时间长短的不同，可以将课程分为基础班、中级班和提高班。

（2）课程设置发展化

老年教育课程具有科学性，整个课程体系的建设应该随着社会的变化而改变，不断探索适合老年人的课程，充分发挥课程设置在老年教育中的作用。要依据老年教育目标，结合时代特点，科学调整、充实老年教育的内容，使老年教育适应内外环境的变化。

（3）课程开发微型化

鉴于老年人的身体和心理特点，除了上课之外，还可以积极开发与教材配套的或者其他方面的微课程，帮助学员进行预习、复习或者练习。开发公众号或者手机软件等，方便学员们随时随地进行学习交流。

（4）课程团队专业化

设置专业的课程教学团队，通过组团式教学提升专业化水平。制定教学团队建设标准，以团队形式开展教学研究活动，不断开发课程资源。

（三）课程的信息化建设

1. 课程的信息化建设必要性

课程的信息化建设是老年大学实现现代化的标志之一。其能够帮助实现老年大学优质课程资源的共享，实现教学空间的拓展。信息化辅助教学，不同类型课件的声、画结合能让教学更加直观生动，能优化教学模式，达到其他教学手段很难达到的教学效果。基于网络环境的信息资源共享和交流，让师生间跨越时空的互动与沟通得以实现。课程的信息化建设能够激发学生的学习兴趣，提高学生的积极性，满足教师对教学发展的需求。

2. 课程的信息化建设现状

目前课程信息化建设的现状主要有两个方面。一是目前老年大学优质课程资源有限，在使更多的老年人受益方面还有很大的发展空间。二是一些教师在制作教学课件时，一般都是各自为政。如果建立相应课程的资源库，实现资源共享，不但可以减少教师工作量，避免重复性工作，还能够加强教师间的交流，增强课堂教学效果。

3. 课程的信息化建设途径

(1) 领导重视是推进课程信息化建设的前提和保障。要有专人负责管理，制定规划，明确职责，组织培训，充分调动各方积极性。

(2) 加强信息化教学平台和课程资源的整合。将信息化教学平台与校园网或是因特网对接，通过链接下载等方式丰富课程素材，发挥信息化教学平台在网络教学中的优势作用，为学生提供网络课堂、网络解答、网络题库等，解决学生遇到的各类难题。为教师提供更丰富的教学指导，专家、名师的课程讲解，多样化的教学模式演示，互动的教学经验交流等。

(3) 加强信息化教学平台和课程资源的拓展。信息化教学平台和课程资源之间的关系是相辅相成的，因此在应用信息化教学平台的过程中要注重课程资源建设。课程资源建设涉及课程素材下载、课件制作、优质课程共享、教材管理和学生评价、课程信息化管理、课后作业管理等内容。

第二节 老年大学的教材建设

一、老年大学教材建设的重要性

老年大学教材是体现党和国家对老年教育的基本要求，依据教学大纲规定的内容以及老年人的认知特点，以简明、准确的文字（语音、图像）系统地阐述一门课程知识的教学用书。教材是学校组织教学活动，实现教学目标的基本依据，是教师教学和学员学习的知识载体和工具。老年大学所使用的教材一般包括课本、讲义、教参等。教材建设一般包括教材的规划、编写、审核、选用和管理等主要环节。因此，抓好教材建设是学校教学工作的基础，是衡量一所老年大学整体办学水平高低的一个重要方面。

（一）教材建设对老年教育的重要性

老年教育的发展离不开教材建设的支撑。教材建设在老年教育理论研究、提高老年教育质量水平、加强老年教育文化建设、促进老年教育经验交流等诸多方面发挥着不可替代的作用。教材建设是根据老年教育的特点、目的和要求，将课程内容进行系统呈现、灵活运用和科学管理。所以，教材建设是衡量一个地区或学校老年教育水平的重要标志。因此，很多老年大学始终把教材建设作为规范教学行为、提高教学质量的重要措施，并始终坚持探索教材建设的成功经验和方法。

（二）教材建设对教师、学员的重要性

教材、教师、学员是课堂教学活动的三大基本要素，也是提高教学质量的三个相互关联、相互影响的主要环节。它们从不同角度、不同层面对教学活动和教学质量产生决定性、根本性、实质性的影响。因此，老年大学的校长必须充分认识到教材建设对教师、学员教学活动的重要影响。

1. 教材建设对教师的重要性

教材建设对教师的重要性，主要体现在教材的选用、编写和使用三个方面。首先，需要抓好教材的选用。目前，随着我国老

年教育的快速发展，很多老年大学开设的课程内容是相同的。应该倡导实现教材的逐步统一。近几年来，中国老年大学协会组织开展了围绕课程和教材建设方面的课题研究，有力地促进了老年大学教材的规范统一。例如，在课题研究成果的推动下，长三角等地区通过各校协作编写了一些老年大学通识类教材，质量得到广泛认可。这些教材除了长三角地区，很多其他地区的老年大学也在选用。这为老年大学部分教材的统一规范起到了示范作用。作为教师，应能够主动协助学校，推荐选用适合自己教学的现有教材，从而避免教材的重复编写。与此同时，学校也要注意发挥好教师在校本教材编写中的作用，抓好校本教材建设。教师依据教学大纲编写校本教材，主要是对课程内容各方面的信息资料进行加工整理，形成基本的知识体系，进而完成对课程内容的高度概括、科学总结和系统论述，使教材成为组织实施教学活动、考核评价教学质量的主要工具和依据。一本深受欢迎且能帮助取得显著教学效果的校本教材往往可以连续使用多年。教师通过参与教材的编写工作，可以进一步提高自身的教学、科研能力和水平。另外，抓好教材的使用对教师来讲也是非常重要的。无论是使用外购教材还是自编教材，都要求教师能够通过对教材的学习研究，熟练掌握教材内容，真正弄懂教材的基本思想、基本概念，透彻了解教材的结构、重点与难点，掌握教材知识的逻辑性及相互间的衔接关系，能够将自己的特长和学员的特点与教材的思想性、科学性融合在一起，这是教师顺利完成教学任务的重要条件。在教材使用上，要鼓励教师对教材作个性化解读，教师可以根据教学大纲和教材内涵补充一些具有关联性的知识内容。但还要防止偏离教材主旨的随意解读。教师要准确地、深入地挖掘教材的内涵，充分学习、领悟、吸收和内化教材中的智慧，防止浅化教材，避免只在教材上做表面文章，使认识只停留在记忆层面及简单的理解层面，教材的功能和价值没有得到充分释放。教师对教材的处理能力是教材建设对教师教学能力和水平的一项基本要求。

2. 教材建设对学员的重要性

教材是教师施教和学员学习的基本依据。因此，教材可以起到加强教师与学员之间互动的桥梁作用。从教材建设对学员的重要性角度讲，主要是引导学员更好地使用教材。因为，教材对于学习这门课程的学员来说是进行学习、获取知识的主要工具。所以，学员掌握知识和技能的过程，除了教师在课堂上的传授外，还应包括学员对教材的感知和理解等。尤其是老年人对于教师课堂讲授的内容即使理解了，也很难记住。那么，教材便是他们复习巩固所学知识和技能的主要依据。即使学员将来离开学校，当他们需要用到在老年大学学习过的知识时，教材也可以作为他们有价值的参考资料。另外，教材不仅可用于传授知识，而且对于培养老年人自主学习的能力、不断激发他们的潜能以服务社会也是至关重要的。所以抓教材建设也应重视学员使用教材这一重要环节。

二、老年大学教材建设的策略

当前，我国老年教育事业实现了跨越式发展，随着老年大学招生规模的逐步扩大和课程结构的不断完善，提出并明确老年大学教材建设的策略对于今后老年教育的发展是必要的。

老年大学教材建设的策略主要是：通过推进教材建设的科学

化、规范化、系列化、通俗化、制度化和多样化，实现老年教育质量水平的不断提高。教材建设应以弘扬社会主义核心价值观和国情教育为主线，以课程体系、教学大纲和老年人认知特点为依据，以通识类课程为重点，以教材形式多样化为特点，以加强教材管理工作为保证，通过提倡多校协作编写优质教材，促进教材的统一和规范，并推动校本教材质量的提高。

（一）健全教材的规划、编写、审核、选用、管理机制

1. 加强教材的思想性

我国老年教育教材建设经历了一个“先解决有无，再逐步提高”的过程。经过三十多年的努力，教材的有无问题已基本解决。目前重点应是如何提高教材质量的问题。提高教材质量首先必须加强教材的思想性。教材的思想性主要体现在这样几个方面：内容上应突出中华民族优秀传统文化、社会主义核心价值观等思政内容；理念上应把教材建设的统一性与多样性结合；管理上应统筹各级各类教材的规划与使用；质量上应坚持教材必须具有的科学性、适应性、规范性、通俗性和实用性等基本原则。

2. 抓好教材建设规划

老年大学的教材建设应该结合国情、本地区和老年人的特点，制订出科学、全面、系统和可行的近期和中长期发展规划，克服教材建设的盲目性和随意性。规划应统筹考虑，合理衔接，有序推进，逐步提高，能够适应社会发展和不同年龄、不同层次、不同类型老年人的学习需要。

3. 抓好教材编写质量

教材编写要遵循教育教学规律，能够反映教学内容的内在联

系和发展规律以满足教学需要。教材应该结构严谨，逻辑性强，体系完备，具有创新性，富有启发性，有利于激发老年人的学习兴趣和潜能。老年大学由于课程类别繁多，涉及面广，并不是每一门课程都有适合选用的教材。尤其是某些新课或招生人数有限且内容变化快的课程。学校一般都是组织教师自行编写校本教材，这种教材习惯上称为“讲义”。为了保证讲义编写的质量，应实行主编负责，明确分工，认真审校。讲义编写的分工，可以充分发挥每个老师的专长，具体承担相应章节的编写任务，适时做好沟通和协调工作。编写讲义过程中，还可以吸收部分学员参与，认真听取他们的意见和建议，这也是保证教材编写质量的一种重要方法。集体编写讲义，不但可以调动任课教师的积极性，还可以避免同一所学校同一门课程出现多种不同版本讲义的现象发生。质量高、使用效果好的讲义，也能够起到和课本一样的作用。另外，为了保证课本的编写质量，一些学校对列入出版计划的课本，往往也采取先编讲义的方法。在讲义试用过程中不断征求教师、学员的意见和建议，以便对讲义进行修改和完善，最终形成正式出版的课本。

4. 加强教材审核

教材实行分级审核，坚持凡编必审。教材审核应严把政治关和学术关，保证教材质量。政治把关重点审核教材的政治方向和价值导向，学术把关重点是审核教材内容的科学性、先进性、规范性、系统性和适用性。另外，还要注意内容编排的科学规范及对知识产权保护等法律法规的遵守情况的审核把关。

5. 加强教材选用和管理

老年大学是教材使用的主体，为了加强教材管理，学校要做好教材使用的登统、备案、建档等基础性工作。在教材选用方面，学校应制定教材选用管理办法，明确各类教材选用标准和程序，规定教材选用应该遵循凡选必审、质量第一、适宜教学、公平公正的原则。为避免随意选用教材，教务部门可以按照学校设置的课程内容和类别，组织听取任课教师和相关专业人员的意见，提出教材选用建议，尽量避免教材的重复编写，促进老年大学教材选用的逐步规范和统一。

在加强教材管理方面，学校可以建立由分管校长牵头的教材建设评审小组，主要职责是负责制订校本教材编写年度计划、编写教材的论证和审核、教材资金的申请使用和优秀教材评选等工作。为了使教材建设能够得到资金支持，须建立教材建设专项基金，为教材建设提供资金保障。例如，天津市老年人大学于2018年建立了教材建设基金，每年学校都有教材建设的专项拨款。在有资金保障的前提下，这所学校在加强教材管理方面具体做法是：学校建立由分管教学的副校长牵头、各教研组长为主、部分骨干教师和督导员参加的教材建设评审组。评审组主要负责全校教材编写计划的制订、立项、审批，负责教材使用资金的申请、使用和监督，负责教材编写的审定、优秀教材评选及奖励方案的制订等工作。这些措施有效地促进了教材建设水平的进一步提高。

（二）丰富教材的表现形式

老年大学教材表现形式主要体现在两个方面。一是力求教材内容能够紧跟时代的步伐和满足学员的需求，使教材内容融入现代科技，贴近老年人生活，不断增强教材的思想性、趣味性、可读性、多样性和实用性，使教材成为学员思考、探究和自主学习的工具。二是教材内容表现形式除传统文字表述的课本外，还要充分利用音视频及网络等表现形式，使教材内容动态化、形象化和情景化。通过数字化表现方式，更好地为教学创设一个交流互动的平台，既有助于发挥教师的主导作用，又有利于发挥学员的主体作用，从而达到老年人快乐学习、丰富生活的目的。目前，很多老年大学开设的健身、拳剑、戏曲及舞蹈等课程，所使用的教材很多都是视听类的教材。远程教育和部分社区办学基地的网络课程也常采用数字化教材。另外，针对部分课程，作为教材内容的辅助性学习资料，还应重视基于网络的资源库建设，其可以为教师的备课，学员的实践、练习和创作等提供各种素材以进行共享和交流。

参考文献

［1］陈侠．课程论［M］．北京：人民教育出版社，1989．

［2］叶忠海．老年教育管理学［M］．上海：同济大学出版社，2014．

［3］赵慧敏．老年心理学［M］．天津：天津大学出版社，2010．

［4］中国大百科全书总编辑委员会．中国大百科全书［M］．北京：中国大百科全书出版社，2009．

［5］普通高等学校教材管理办法．教育部教材［2019］3号．

第六章
老年大学的教学与管理

教学是老年大学的中心工作，提高教学质量是老年大学的立校之本。教学管理是实现教学目标、提高教学质量不可或缺的学校管理工作。做好老年大学的教学工作，要以正确的教学理念为指导，明确老年教育的培养目标，贯彻行之有效的教学原则，借助富有创新性的教学模式，严格教学质量管理，依据符合老年教育特点的教学评价标准，确保不负老年教育的初心与使命。

第一节　老年大学教学活动的指导思想

我国老年大学自 20 世纪 80 年代起，至今已有近四十年的历史了，逐步形成了具有中国特色、时代特征和老年教育特质的老年大学教学活动指导思想，该思想包含了教学理念、教学目标、教学原则、教学活动的组织和运行等内容。

一、教学理念

（一）对老年人群的普适性

到老年大学接受教育不是少数社会精英的特权，而是全体老年人皆应享有的权利。即老年大学的教学活动应当具有普适性，即普遍适用于广大老年学员。

（二）以老年学员为本

老年大学招生对象为老年人。教学活动应以老年学员为本，从老年人的身心特点出发，遵循老年教育规律，以老年人的需求为需求，以贴近老年学员需要的方式开展。

（三）民主的教学氛围

老年大学师生之间、学员之间的关系应是宽松、民主和互尊互爱的。老年学员有丰富的生活经验，有表达和相互交流的愿望。在教学过程中，教师应该持开放的心态，与老年学员积极沟通，促进学员间的交流合作、互尊互爱，形成民主的教学氛围。

（四）与时俱进的教学活动

时代在不断发展变化中，只有对周围事物的变化保持敏感，积极更新观念和方法，才能顺应发展需要，获得持久的生命力。老年大学教学活动的与时俱进，表现为教学指导思想、教学内容、教学形式、教学管理等方面的不断创新。

二、教学目标

有教育理论认为：教学目标的设计应考虑从三个维度入手，即知识与技能、过程与方法、情感态度与价值观。知识与技能维度，指的是掌握、运用某种识记或操作性的知识或技能，是第一维度的目标；第二维度目标是过程与方法，其中，过程是指在应答性学习环境中教学主体间的交往体验，方法是指实现该过程的基本教学方式；第三维度目标指的是情感态度与价值观，涵盖了学习者对学习的兴趣、态度，乃至学习者的世界观、人生观等。该教育理论还认为“在学校教学中，既不能离开了过程与方法、情感态度与价值观去求得知识与技能，也不能离开了知识与技能空讲过程与方法、情感态度与价值观的发展”。

三维目标理论关注了可衡量、可评估的外在内容，也重视了内在的、深层次的精神内涵，形成了由浅入深、由平面到立体的教学目标。在老年大学的教学过程中，应注重的教学目标包括以下几个方面。

（一）提供丰富的课程

满足老年学员学习的愿望，是老年大学创办的初衷。教学内容的多元是指既注重现代化又体现国际性，能较好地满足老年学员的学习需求，使老年学员在知识、技艺、兴趣及圆梦层面上获得满足。

（二）关注老年学员身心发展

受生理年龄的影响，进入老年期的人面临退休、身体机能退化等情况，不同个体有不同的应对方式。老年大学的教学活动就是要借助教学，关注更多老年学员的身心发展，不断扩大积极老龄化的人群范围，助力老年人从容应对生活，享受生活。

（三）培育风范长者

风范长者指有风度、有教养、品行佳、值得人们尊重的老年人。将培育风范长者作为教学目标，既是对老年学员的要求，也能起到维护家庭和谐、助推社会文明的作用，还和老年教育完善人、提高老年人生命质量的目的相吻合。

三、教学原则

教学原则是根据一定的教学目标和教学对象的特点，基于教学规律，源于教学实践而制定的指导教学活动的基本要求和准则。换言之，教学原则是教学目标与教学实践之间的桥梁，比教学目标更贴近教学活动，又高于教学实践，是较为具体的教学行动指南。教学原则将指导如何开展教学工作、指导确定和建立怎样的教学主体间的关系，以及体现教学的评价指向等。

（一）实用性教学原则

实用性教学原则要求教学的内容应贴近老年学员的需要，将有限的教学资源用在“刀刃”上，使老年学员的现实生活发生变化，让老年学员从教学活动中获得看得见的改变。

（二）分层式教学原则

分层式教学原则，就是要求做精、做细教学活动，不仅要求对教学内容的深度科学分层，也要求对老年学员因材施教、量体裁衣，根据老年学员的学习意愿、认知水平以及已有的科学文化素质水平等情况，开展有针对性的、更趋合理的教学活动。

（三）启发式教学原则

从老年学员的实际情况出发，以启发式教学为主要方式，充分发挥老年学员丰富社会阅历的作用，充分调动老年学员的主动性和积极性，促使老年学员在原有知识的基础上获得进步。

（四）情感式教学原则

卢梭曾说过“教学的艺术是使学生喜欢你所教的课”。有研究表明，学习者听课的兴趣是教学成败的关键，即学习者能在其感兴趣的教学过程中，更快更好地掌握相应的学习内容。开展情感式教学，可以调动学习者自主学习的热情，促进学习者对教学内容内化，帮助学习者养成良好的学习习惯，还可以融洽师生关系等。

第二节　老年大学教学的组织形式

一、教学的经典组织形式

教学一词最早出现在《礼记·学记》中，是教师把知识、技能传授给学生的过程。完成该知识、技能传授过程的组织形式，就是教学的组织形式。随着社会经济和科学文化的发展，人们对教学活动的理解变得丰富多样，产生了各种不同的教学组织形式。其中流传至今的教学组织形式包括个别教学制、班级授课制、分组教学制、道尔顿制和文纳特卡制等。

（一）个别教学制

个别教学制指教师对学生逐个进行“点对点”的个别化教学。个别教学制常见于教育并不普及、教育特权化的情况下。其优点在于教师能根据学生的特点因材施教，使教学按照该学生的接受程度展开。但教师所教的学生数量有限，不利于扩大教育规模。这种教学组织形式普遍存在于古代中国、古代埃及和古代希腊。

（二）班级授课制

班级授课制将学生按一定的标准（如年龄特征、学习特征等）进行群体化分类，将具有一定共性特征的学生固定编入以班级为单位的群体中，教师对其进行连续的授课，完成一定的教学目标和任务。这种教学组织形式可以较合理地将学习条件大致相当的学生聚集在一起，大规模地开展教学，节省教学资源，提高教学效率，也更易激发学生之间的交流和合作兴趣。但在班级授课制的教学中，学生学习的主动性和独立性往往受到一定局限。

（三）分组教学制

分组教学制在班级授课制的基础上，改良了学生分组标准，分为外部分组（不考虑年龄，根据学生能力水平和学习成绩分组）和内部分组（按年龄分班，再按学生能力水平和学习成绩分组）。该教学组织形式既能照顾到学生的差异性，又有利于因材施教。

（四）道尔顿制

道尔顿制源于20世纪初，是美国教育家帕克赫斯特提出的一种彻底的个别化教学形式。其强调“自由”——培养学生自我教育的能力与“合作”——学生在民主合作中获得发展的理念。道尔顿制的教学组织形式为“教”与“学”开辟了一种“系统规划下的自由环境”，通过教师与学生间订立的“学习工约”开展学习，学生一般自主学习，遇到学习困难时，再向老师请教。道尔顿制完全取代了年级、班级教学的概念，让每个学生都能以适合他们的速度去学习和发展。

（五）文纳特卡制

文纳特卡制与道尔顿制几乎同期出现，由美国教育家华虚朋提出，其特点在于将课程分为两类：一类按照学科划分，一般是指由学生自学读、写、算以及历史、地理等方面的知识、技能；

另一类是通过音乐、艺术、运动、集会以及各类社会活动等来培养和发展学生的“社会意识”。前者通过个别教学进行，后者通过团体活动进行。文纳特卡制也完全打破了班级教学，但文纳特卡制相比道尔顿制，更注重学习者的团体意识和社会化过程，是一种进步的教学组织形式。

二、老年大学中常见教学组织形式

老年教育的理念、目标和原则都有自身的独特性，但由于其发展历史较短，以及其仍属于教育的属性，决定了老年教育的发展要借鉴其他教育类型，与其他教育类型存在一定的共通之处。老年大学采用的教学组织形式，就是在经典的教学组织形式基础上，融入老年教育的特点而形成的。

（一）第一课堂

在老年大学中，第一课堂是开展老年教学活动的最基本的组织形式，混合了班级授课制和分组教学制的组织形式。第一课堂借鉴了分组教学制的外部分组方法，即不考虑学员的具体年龄，按学员对某门课程的学习深度进行分组，尽可能将同一水平的学员按班级授课制的方法归在同一个班级里开展教学。该组织形式体现了老年大学教学活动较强的组织性和计划性，是老年大学教学活动的科学性和系统性的展现，被绝大部分的老年大学所采用。为了更加适应老年学员的学习习惯，在教学过程中，教师吸纳道尔顿制的核心理念，给老年学员适度的自由空间，通过互相合作，促进师生、生生之间的共同进步。

（二）第二课堂

第二课堂是第一课堂的延伸与补充，即对第一课堂面授内容的加深理解、领悟，以利于老年学员更好地把握所学知识或技能。可以采取学习小组定期或不定期讨论的形式开展，也可以以各类团队活动和课外活动的组织形式开展。通常在学校的指导下，老年学员自愿报名参加，通过“自我教育、自我管理、自我服务、经费自理”的形式，自发开展教学辅助活动。

（三）第三课堂

第三课堂是由老年大学或老年学员自发组织的、利用所学之长服务社会，积极弘扬奉献、友爱、互助、进步的志愿者精神的组织形式。该组织形式具有分组教学制的特征，但又不同于以往任何的教学组织形式，它以志愿者服务为内容，是学校鼓励老年学员将颐养康乐和奋发有为相结合，培育社会主义核心价值观的行之有效的方式。可以说，第三课堂是老年大学教学活动组织形式的创举。通过第三课堂，将教学中取得的学习成果，服务于社会，产生了良好的社会效应。

（四）第四课堂

近年来，部分老年大学将老年游学作为学校“第四课堂”，通过亦游亦学、学游结合的方式，寓学于游，满足老年人对旅游和学习的需求。“第四课堂”老年游学形式和老年大学的办学理念有异曲同工之妙，组织学员到历史文化圣地了解风景名胜背后的历史故事和文化内涵，既丰富了老年学员的学习内容，又把老年教育融入经济社会发展的大格局中。“第四课堂”所提倡的老年游学，不是零散式的游学，而是以老年大学为依托，这本身就具有一定的文化基底。参加老年大学的老年人时间充裕，经济允许为游学提供了经济上的支持；老年人拥有的丰富的阅历和知识沉淀则成为游学的重要基础。游学可以满足老年学员更高层次的精神需求和学习需求，在提高老年人社会价值感、获得感和荣誉感的同时，也为经济发展和文化传播做出了贡献。

三、老年大学教学组织形式的发展

（一）远程教学组织形式

远程老年教育是指老年学员与教师利用多媒体技术，通过远距离的教学和双向通信联系，促进老年学员整体素质生活、生命质量提升，进而加快学习型社会形成的一种教育活动。

20 世纪 80 年代，我国老年教育出现了远程教学的形式，主要以函授、广播、电视的方式满足老年人对学习的需求，但受技术条件及受众偏好的限制，远程教学在老年教育中一直处于补充地位。科技的进步促使远程教学完成了向网络教育的过渡，同时老年人群运用科技产品的比例不断提升，远程教学进入了新的发展阶段，清晰的画面、优质的教学资源受到人们越来越多的关注，成为很多老年学员常态化的学习载体。

在 2020 年初防控新冠肺炎疫情时期，全国各老年大学都支持、鼓励和引导广大老年学员通过中国老年大学协会远程教育网、“线上老年大学”等终身学习网站以及电视端的老年教育资源等进行学习，极大地促进了远程教学的发展。

事实上，远程教学不仅仅可以提供优质教学资源，它也是有组织有管理的行为。在高等教育中已流行多年的慕课（Massive Open Online Course，简称 MOOC），就是在远程教学的基础上，加入了练习、论坛讨论两个环节。其先进之处在于会以每周一次的讲授、话题研讨以及阅读建议等提高学习者的活跃度。同时学习者还可自主参与或成立网上学习小组，弥补网络学习缺乏沟通的缺陷，将远程教学的“人机互动”变成“人际互动”，满足老年学员人际交往的心理需要。

（二）体验式教学组织形式

体验式教学组织形式是在 1971 年美国心理学家戴维·库伯提出的体验式学习理论基础上发展而来的。该学习理论认为人的学习是一个基于体验的循环过程，包括四个部分：通过体验和观察获得经验、经过比较和评价形成反思性观察、进行模仿和分析形成抽象的理解、综合设计应用于实践。换言之，体验式教学组织形式强调发挥学习者的主观能动性，与积极老龄化的理论具有共通之处。这种教学组织形式，将第三课堂的灵活性运用到了各种形式的教学中，将被动学习转化为主动学习，并可选择适合自己的难度开展体验学习，发挥了老年学员有较好理解能力的学习优势。这符合建构主义的观点，即学习者真正掌握某种知识或技能，是建立在学习者对其的深刻理解基础上的，为此，应让学习者到现实世界的真实环境中去感受、体验，而不是仅仅聆听相关的介绍与讲解。

现阶段，最有代表性的体验式教学组织形式是考察式的教学组织形式。考察式的教学组织形式，实践性很强，是在教学过程中，将老年学员带到相关现场考察，并由教师或相关专业人员结合现场实物进行教学。此种教学组织形式对教师与老年学员的课前准备工作提出了较高的要求，要求老年学员在考察前，通过完成教师事前布置的教学任务，清楚了解教学目的和活动内容，以便提高考察的学习效率。游学结合式就是考察式教学组织形式的一种。

（三）与社会广泛合作的组织形式

近年来，老年教育发展如火如荼，但我国老年教育存在资源供给不足，城乡、区域间发展不平衡等问题。解决这些问题，应勇于破局，积极探索如何有效利用现有的老年教育资源。

以上海为例。2016 年，上海市出台了首个《上海市老年教育发展“十三五”规划》，其中明确要提升老年教育的服务能力、社会活力和学习品质。为此，上海市在全市范围开展了“居村委示范学习点”“老年教育社会学习点”“养教结合学习点和标准化学习点”等三类学习点的建设工作，目的在于进一步改善老年人家门口的老年教育环境，使更多老年人的学习需求得到满足。几年来，三类学习点的建设已取得较好的成效，而这离不开各级各类老年大学的协助。

各级各类老年大学积极拓展教学组织形式，与居村委、社会力量、养老机构等合作，将教师、优秀学员、志愿者团队连同成熟的教学经验等输入三类学习点，也将三类学习点中的优秀人士请来学校教学，使得教学资源共建共享，相互“走出去，请进来”，让老年大学的教学活动与三类学习点的教学活动做到学员融合、教师融合、服务融合和场所融合。三类学习点为老年大学的教学注入新的血液；老年大学也助力三类学习点工作的发展、成熟。例如，上海市徐汇区华泾镇敬老院与镇老年学校共同探索推进养教结合工作，在镇老年学校志愿者教师团队的带教下，先后约有 1 500 人次参加了学习珠心算健脑班的课程，这一课程深受老年人们喜爱。

可见，老年大学的教学组织形式不局限于过去的经验，也不局限于时空，不断创新能为老年教育的发展带来新的契机。

第三节　老年大学的教学管理

教学管理是指管理者为实现一定的教学目标，根据教学规律与老年学员的特点，通过一定的管理手段对教与学全过程进行管控的活动，是教学秩序正常的保证。

一、教学管理简述

一个完整的教学管理过程，自始至终都需要围绕着教学目标进行，需要了解教学管理的原则，将教学管理工作视为一项系统工程，合理配置人员、物资、场地等资源，将教学管理落实到岗、落实到人，提高管理效率，妥善协调老年大学内外部关系，以获得最大效能。

（一）教学管理的界定及意义

教学管理是指管理者通过一定的管理手段，使教学活动达到既定教学目标的过程。教学管理是教育工作的重要环节，是学校教学正常运行的基础，规范教学管理是促进教学质量提高的有效途径。老年教育教学管理要坚持以人为本，管理人员应充分理解老年学员的身心特点，尊老敬老，营造健康向上的校园氛围，体现人文关怀。

老年人是社会与家庭文明的纽带和桥梁，是建设社会主义和谐社会的一支不可忽视的重要力量。随着我国人口老龄化问题的凸显，大力发展老年教育事业也是积极构建全民终身教育体系，建设学习型社会的重要部分。积极发展老年教育事业是解决人口老龄化问题的根本举措之一，教学管理则是保证老年教育规范化发展的重要环节。

同时，随着社会科技的不断发展和普及，老年人需要学习更多新的知识和生活技能，并且随着老年学员的年纪逐步“年轻化”，学历逐步“提高”，他们对老年大学的要求也在不断提高。做好教学管理，根据学员的需求不断调整教学目标、教学方式，增强管理的科学性和规范性就更为重要。

（二）以人为本，服务老年学员

“以人为本”，尊重老年人的自主性，关怀老年人的生命质量，依靠老年人所表现的人性的善，实现群体的高度和谐，成为教学管理的出发点和实质。以“人的尺度”来衡量老年教育，由人来判断其意义，将其确定为老年教育主体所追求、赞赏、期望的东西。通过教学管理为老年学员带来舒适的环境、良好的条件和文化感受等。

树立以老年学员为本的观念，真正理解老年学员的生存状态和心理需求，以此为出发点去开展教学管理。通过教学管理使老年教育成为提升老年人需求层次、丰富老年人精神世界、提高老年人生命质量的一种途径。

（三）教学管理的任务

教学管理的中心任务在于提高教学质量，具体来看可从以下几个方面开展教学管理工作：一是建立健全教学管理制度，明确管理人员职责范围，辅之以适宜的管理方法，充分发挥老年学员自我管理、互助服务的优势，保证教学工作顺利有序开展；二是建立科学的、适应老年人学习需求的专业学科体系，课程设置宜动静结合、难易结合、手脑结合、坚持创新，根据社会发展和老年学员的实际需求适时对课程进行调整；三是提升教学人员的教学水平，做到教学内容符合老年学员学习需要，教学方法适应老年学员学习特点，使老年学员在“第一课堂”中获得最佳学习效果；四是开展形式多样的课外活动，鼓励学员积极参与“第二课堂”“第三课堂”的活动，在实践中运用所学，升华所学；五是开展教育教学研讨活动，深入教学一线，科学评估教学，培养老年教育科研队伍，促进教学工作提高。

二、教学管理的实施

老年学校的教学管理一般包括组建管理团队，制定教学计划，完善教学评价、教师管理、教材建设、学籍管理等管理制度。

（一）管理团队的保障

组建一支专业、高效的教学管理团队，是做好教学管理的基本保障。老年学校的教学管理体系，可以分为教学决策、教学管理、教学执行三个层次。教学决策是以负责教学的主管校长为主导，侧重学校教学规划、教学决策、选人决策；教学管理是以教务处为主导，侧重学校教学执行工作，学校教学目标和教学计划的制定与实施以及经常性教学检查、教学指导、教学控制等工作；教学执行是对各个教学系、部的教学活动的管理。教学管理体系各层次人员各司其职、权责分明是保证老年学校教学管理规范的重要保证。

（二）教学计划的制定

老年大学、老年学校教学计划要依据教学大纲，根据老年学员的生理特点和心理特点研究制定。老年学校教学计划包括各学科的教学进度、教学考核、教学评价、教学奖惩等内容。

（三）教学大纲的建设

教学大纲指学校每门学科的教学纲要。其中包括教学目的、教学要求、教学内容以及讲授和实习、实验、作业的时数分配等。根据教学计划，以纲要形式规定一门课程教学内容，包括这门课程的教学目的、任务，教学内容的范围、深度和结构，教学进度以及教学法上的基本要求等。教学大纲是教师教学的灵魂，是学员学习的指南，是教学管理工作的依据，是判断教学活动的客观标准。

在具体教学过程中，须督促、检查教师，使其必须按照教学大纲要求和教学实施计划开展教学，确保教学大纲和教学实施计划的落实。

（四）教学评价的管理

教学评价是依据教学目标对教学过程及结果进行价值判断并为教学决策服务的管理活动，是对教学活动现实的或潜在的价值做出判断的过程。教学评价是对教师的教和学生的学的价值评判过程。教学评价一般包括对教学过程中教师、学生、教学内容、教学方法、教学环境、教学管理诸因素的评价，但主要是对学生学习效果的评价和教师教学过程的评价。教学评价可以分为校级、系级、班级等层次，要与学校激励机制和约束机制相结合，通过评价调动教师、班长的积极性，增强师生的凝聚力。建立长效机制，完善教学质量，培养集体和个人荣誉感，形成一种校园文化。

（五）教师管理

老年大学的授课教师有兼职和专职两类，建设一支高质量的教师队伍，是老年教育的生命之所在。建立教师管理制度，完善师资库，提高教师的师德和专业水平是教学管理的重要任务。学校要明确教师职责，定期或不定期进行教学质量检查，采取多种形式对教师进行培训，开展教学经验的交流，不断改进教学方法，以教研促教学，形成一支专业性强、团队协作精神强的教研团队。

（六）教材管理

教材管理是对学校选用的所有教材进行管理，同时依据教学需求适时提出教材调整和更新设想。教材管理是对采用的公共教材、合编教材、学校自编教材和其他辅助教材、教学参考教材以及相应的音响、视频等音像教材进行管理。教材管理要建立相关档案，做好教材的入库登记、统计工作，使用部门根据需要到教材库领用，教材进出情况要清楚，日结月清，每年进行一次盘整。

（七）学员学籍的管理

学校制定本校学员学籍管理办法，包括对学员入学资格的审查、学习情况的登记、退学办法、毕业结业制度等，并为每位学员建立学籍档案。在信息化时代，老年大学应当建立信息管理系统，实现学员选课管理、成绩管理、查询、修改、增删、学习各环节的管理等功能。

（八）教学设备、教室等的管理

安排专人负责教学设备的维修和维护，保证上课顺利进行；定期检查、维护教学设备，做好固定资产管理；建立专门教室以满足教学需要，比如茶艺教室、烹饪教室等。

三、教学管理的效能

（一）教学管理效能的含义

教学管理效能是指老年大学为实现教学管理目标而显示出的能力以及合理运用各种资源后所取得的管理效率、效果、效益的综合反映，其特征是导向组织目标，强调资源的有效利用。

（二）影响教学管理效能的因素

影响教学管理效能的因素有多种。首先，是否采用科学的、与时俱进的教学管理理念是影响教学管理效能的首要因素；其次，前期的教学设计是否科学合理、教学过程中能否根据老年学员的反馈及时做出相应调整和控制，也是教学管理活动能否顺利进行的关键因素；最后，人既是教学管理的对象，也是教学管理的主体，管理人员之间的信息沟通是否及时顺畅以及工作的主动性、积极性和创造性如何也是影响教学管理效能的重要因素。

（三）提高教学管理效能的途径

管理学的核心问题是如何解决提高效能的问题。不断追求教学管理效能的提高，是教学管理活动的中心和学校管理工作的出发点，其价值最终体现在老年学员的学习效果上。通过对影响教学管理效能因素的总结和分析可以得出，提高教学管理效能主要有以下途径。一是通过学习、实践与反思，建立科学的教学观和先进的管理理念。老年大学的办学立足于对老年教育的精准把握以及对社会发展的深刻理解。管理人员需要明确以“老年学员为主体”的教学观，以与时俱进的管理理念为主线，将具体的教学方式、制度、策略等结合起来，形成统一的、科学的、创新的教学管理体系。二是注重计划、执行、检查、总结等教学管理各环节的实施和调控，保证全过程管理的实时性、稳定性、综合性、渐进性。三是定期开展管理人员的培训、讨论、交流活动。按照层级管理原则和效率原则，使组织结构扁平化，强调岗位间的密切合作和管理人员的一专多能，拓宽信息畅通渠道，加强人员之间的工作交流和感情沟通，提高老年大学教学管理效能。

第四节　老年大学教学质量评价

老年大学教学评价从宏观的角度看是指对老年教学活动满足社会发展和个体发展需要的程度进行价值判断；从微观的角度看，是根据老年教育目标和教学原则，对课堂教学的过程及效果进行评价判断。教学评价一般包括对教学过程中的教师、学生、教学内容、教学方法、教学环境、教学管理等因素的评价，尤其是对教师教学质量和学生学习效果的评价。

一、教学评价的类型

（一）诊断性评价、形成性评价和终结性评价

1. 诊断性评价

诊断性评价一般是指在某项教学活动开始之前对老年学员的知识、技能以及情感等状况进行的评价。目的是了解学员在以往学习中存在的问题，以便开展有针对性的教学，为因材施教提供依据。诊断性评价测试难度较低，主要测试基础性知识。

2. 形成性评价

形成性评价是指在教学过程中为了解老年学员的学习情况，及时发现教学中的问题而进行的评价。通过形成性评价，教师可

以随时了解老年学员学习的进展情况，为随时调整教学计划、改进教学方法提供参考；由于该评价是基于对学员学习全过程的持续观察、记录、反思而做出的评价，其有利于激励学员学习，帮助学员有效调整自己的学习方法，使学员获得成就感，增强自信心。

3. 终结性评价

终结性评价是指在一项教学活动、一门学科教学或一个教学时间段结束时对教学效果进行的评价。其目的是测评学员通过努力已达到的水平，同时也使教师对自己的教学工作有一个判断。

（二）相对评价、绝对评价和个体内差异评价

1. 相对评价

相对评价是指在某一团体中确定一个评价的基本标准，将团体中的个体与基本标准进行比较从而确定个体在团体中的相对位置。此评价能使每个评价对象明确自己在团体中的位置，但与教学目标无直接关系，评价的标准也未必适用于其他团体。

2. 绝对评价

绝对评价是制定一个某一团体之外的、以教学目标为依据的基本标准，把该团体中的个体与基本标准进行比较，从而判定其优劣。这种评价能使每个被评价的个体明确自己的目标达成情况，但会脱离个体的客观实际，影响评价结果的有效性。

3. 个体内差异评价

个体内差异评价是以被评价对象自身某一个时期的发展水平为标准，判断其发展状况的评价方法。个体内差异评价的评价基准既不是在被评价集体内确立的评价依据，也不是在集体以外确

立的评价依据，而是把被评价者的过去和现在进行比较，或将评价对象的不同方面进行比较。这种评价是建立在尊重、信任评价对象的基础之上的，符合个性化教学原则，但缺乏客观标准，不易给被评价对象提供明确的目标。

（三）个体评价和社会评价

1. 个体评价

个体评价是个体从自身需要出发对主客体价值关系的判断。教学领域内的个体评价主要有两类：一是以自己的教学或学习行为与结果为评价对象的自我评价；二是以他人的教学或学习行为与结果为评价对象的他人或事的评价。

2. 社会评价

其主体一般是社会本身或社会委托的特定群体。社会评价也分为两类：一是现时评价，判断的标准是当前教学满足社会当前需要的程度；二是历史评价，判断的标准是特定历史时期的教学满足社会长远需要的程度。

二、教学评价功能

从教学外部过程看，教学评价在促进教学目标的实现、引入竞争机制和促进教学管理上有以下几个主要功能：

（一）任何教学活动都是通过提高教学质量来实现教学目标的，而通过教学评价可以促进教学目标的实现和教学质量的提高；

（二）教学评价把竞争机制引入教学领域，从而有效地调动教学各方面的积极性；

（三）通过教学评价可以发现优秀和成功的做法，也可以发现问题和不足之处，所以教学评价有助于改进教学管理。

从教学内部过程看，教学评价尤其是课堂教学评价对教师的教和学生的学有导向功能、激励功能、改进功能和教育功能等。

1. 导向功能。导向功能是指教学评价具有引导评价对象向预定目标发展和前进的功能。这是教学评价的固有功能，它对于贯彻教育目的、完成教育任务和目标都有着很强的制约和保证作用。

2. 激励功能。激励功能是指教学评价具有能使评价对象形成一种为实现预期目标而不断进取的内在动力的功能。它是通过为评价对象反馈评价信息这一评价的运行机制而实现的。在教学评价中，评价对象之间通过有意或无意的相互比较，激发起争先的欲望或情绪，从而促使自身向既定的教学或学习目标前进。

3. 改进功能。改进功能是指教学评价具有使评价对象反省自身状态、克服不足、实现发展目标的功用。它主要是通过反馈教学评价结果的信息以及对评价对象行为的调控来实现的。通过教学评价能够客观地判断出评价对象发展的现状，由此提出问题，使评价对象在以后的教与学的活动中对其加以克服和改进，以促进其发展。

4. 教育功能。教育功能是指教学评价具有促进学员思想品德素质提升的功能。它是通过教学评价者及其他评价因素与评价对象的互动运行机制而实现的。教学评价既要强调评价的科学性，又要注重评价的教育性，促进学员多方面发展。

三、教学评价原则

（一）客观性原则

这一原则要求教学评价以实事求是思想为指导，制定正确的客观标准，任何人都不可随意改动标准；在采集信息资料时，要采取科学的测验手段，对不同渠道获取的数据资料，要客观公正地进行判断。

（二）全面性原则

这一原则要求教学评价持全面的观点，特别是在制定指标体系时，既要突出重点项目的指标，又不能忽视其他方面的指标。

（三）导向性原则

这一原则要求教学评价的目标要坚持社会主义的办学方向，坚持教学目标的导向，通过评价指导教学活动朝着正确的方向前进。

（四）科学性原则

这一原则要求教学评价具有科学性，无论是制定评价方案，还是选择评价手段和测量方法，或是对数据资料和评价结果的处理，都要坚持科学性原则。

四、教学评价应用与实施要注意的几个问题

（一）教学本身的复杂性决定了教学评价的复杂性，尤其是老年教育教学评价有其特殊性，不能完全以中小学的教学评价内容、方式为范本，尽管可以参考，但是必须牢记要根据老年人的特点，根据老年教育的特殊性来进行评价。

（二）教学评价目的虽然说是为了提高教学效率，提升教学质量，但老年教育教学评价的最终目的是为了保证教学能够满足老年人对老有所学、老有所乐、老有所为等的需求。例如，诊断性评价、形成性评价（过程评价）可能要比终结性评价使用得更多一些；相对评价、个体内差异评价可能要比绝对评价使用得更多一些。在教学原则方面，除了上述几项评价原则以外，老年教育或许可以增加一个激励性原则，老年教育教学评价主要不是为了分出班级中谁是第一，而更多是通过评价去激发老年学员的学习积极性，提高教学质量。

（三）老年教育的教学评价要坚持以老年人为本，适当重视社会反馈。新教学理念是以人为本，老年教育教学要以老年学员为本。因此，在构建教学评价体系时要努力做到以老年学员的学习需要为出发点，评价是为了使老年学员能更好地在教学中学习，同时老年学员的参与程度也始终是老年教育教学评价的一个重要指标。

老年教育尽管涉及的只是老年学员，但是在老龄化社会背景下老年人的一切都会引起社会的极大关注，老年人是社会中一个重要群体。此外，老年学员也非常乐于用其所学为社区服务，促

进社区建设和发展。据此，老年教育教学的情况、教学评价的结果也会受到社会关注，所以，老年教育，尤其是老年教育的教学也要关注社会的评价与反馈。

参考文献

[1] 中国老年大学协会课题组. 中国老年教育学若干问题研究 [M]. 银川：阳光出版社，2012.

[2] 杜尚泽. 习近平：全面建成小康社会一个都不能少 [EB/OL]. https://www.thepaper.cn/newsDetail_forward_2559708,2018-10-24.

[3] 熊仿杰. 老年大学课程建设要略 [M]. 上海：上海教育出版社，2017.

[4] 徐隽. 老年教育中“以人为本”课程设置的探索 [J]. 江南论坛，2019 (9).

[5] 钟启泉. “三维目标”论 [J]. 教育研究，2011 (9).

[6] 王卫东，蒋海鹰. 老年大学教学：理论与艺术 [M]. 北京：北京师范大学出版社，2017.

[7] 叶忠海. 老年教育学通论 [M]. 上海：同济大学出版社，2014.

[8] 卢家楣. 对情感教学心理研究的思考与探索 [J]. 心理发展与教育，2015 (31).

[9] 刘书艳. 体验式教学模式研究 [J]. 教育理论与实践，2015 (34).

[10] 钱源伟. 老年教育教学论 [M]. 北京：人民教育出版社. 2016.

［11］上海市老年教育工作小组办公室．建学习点圆学习梦——上海市老年教育“三类学习点”建设的实践与研究［M］．上海：中西书局，2020．

［12］刘宁飞．影响高校教学管理有效性的因素探讨［J］．教学管理与教育研究，2016（8）：15-16．

［13］宋亦芳．成人高校教学管理效能研究［J］．教育发展研究，2011（21）：57-61．

［14］杨德广．老年教育学［M］．北京：人民教育出版社，2016．

［15］张少波．老年教育管理学［M］．上海：同济大学出版社，2014．

第七章 老年大学的科研及其管理

科研即科学研究。老年大学的科研就是运用科学理论和科学的研究方法，有目的、有计划地认识老年教育事实，为解决老年大学教育理论和实践领域的问题所进行的创造性活动。本章阐述老年大学的科研及其管理问题，分为四节：第一节对老年大学开展科研的意义进行简要概括；第二节对老年大学的科研选题问题提出参考意见；第三节参考相关社会科学立项课题管理办法和现行的国家社会科学规划立项课题经费管理规定等，对老年大学科研项目、经费管理提出建议；第四节对老年大学科研组织及其创新做法进行简要介绍和总结。

第一节 老年大学开展科研的意义

老年大学科研工作是老年教育事业发展和老年大学工作不可或缺的组成部分，对推动老年教育事业发展和办好老年大学，用理论指导实践具有重要意义，对促进老年大学教育教学质量的提高具有重要作用，对提升老年大学教师教育理论水平、教学能力以及教师的专业素养具有突出作用。

一、科研是学校工作的重要组成部分

科研是高等学校工作的重要组成部分。虽然老年大学与高等学校的情况大有不同，但是我们认为开展科研依然是老年教育事业发展和老年大学工作中不可缺少的一部分。老年教育作为一项事业，有其自身的建设和发展规律。老年教育教学自成体系，自为学科，已经被实践所证明，被广大老年教育工作者所接受和认同，并且老年教育科研在老年教育发展和老年大学工作中发挥着愈来愈重要的作用。今天的老年教育已经进入到全面发展新阶段，成为终身教育体系和建设学习型社会的一个必有环节。老年大学的办学方式、教学质量提高、教学内容发展、教学改革创新以及实现老有所教、老有所学、老有所为等都需要科学理论来指导。因此，老年大学开展科研如同老年大学的教学、行政、管理一样，不仅不可缺少，反而应该适度超前发展，真正发挥好理论指导实践和引领实践的作用。

二、科研对推动老年大学发展具有重大意义

老年大学开展科研对办好老年大学，用理论指导实践具有重要意义。老年大学开展科研工作意在多出科研成果，以形成老年教育的新思想、新理论、新观念，进而用理论指导老年大学的实

践，推动老年大学和老年教育事业的发展。从老年教育发展历程看，老年教育属于新的教育形式，特别是我国的老年教育，其发展充满实践和探索，虽然经历开始阶段、大规模发展阶段、全面发展阶段，直到今天进入到自觉发展新阶段，但是，从整体上看，仍然需要再探索、再实践、再提升。在这个过程中，用正确的理论指导实践是至关重要的。老年大学的科研就是为适应理论指导实践的需要而产生的，其科研成果发挥的理论指导实践的作用也是显而易见的。如中国老年大学协会成立以来单独或组织开展的一系列科研活动所形成的许多系列课题报告、科研著作等科研成果，对全国老年大学和老年教育发展起到巨大推动作用。

三、科研对提升教育教学质量具有重要作用

老年大学开展科研对促进老年大学教育教学质量的提高具有重要作用。老年大学教育教学需要传承更需要创新，特别是在老年教育理念、学科建设、课程设置、教学方式方法和老年教育教学“适老性”等方面都需要不断改进完善和提升。这其中大量是通过老年教育科研成果转化来实现的。如许多老年大学先期通过研究和调研，形成较高质量的课题成果，并逐步形成教育教学改革思路，在课程创新、教材创新、学员组织活动创新以及老年大学办学向基层、社区、养老产业延伸发展等方面做了许多富有成效的科研调研，形成有价值的科研成果，从而指导这些老年大学的办学实践并取得很大成绩，显示出老年大学的科研活动所发挥的重要作用。

四、科研有利于促进教师素质和能力的提高

老年大学开展科研有助于提升教师的教育理论水平、教学能力以及教师的专业素养。实践证明，教师在开展老年教育科研时，教师自身的教育理论水平和研究能力会相应提高，并且能促进自身的专业发展。所谓专业发展，包括专业思想、专业知识、专业能力和专业课教学能力的发展。教学活动中，教师除了要完成教学大纲、教材等涉及的专业知识的讲授外，还会碰到大量教学中的实际问题，教师必须通过认真学习研究对其加以解决，这就是所谓教学出题目、科研做文章、成果进课堂。教师开展科研，不仅能够为实践提供理论引导，同理也能够为理论提供实践支撑，还可以创新理论，提升教师教育理论水平、教学能力和教师的专业素养，进而促进教师队伍整体水平的提高。

第二节　老年大学的科研选题

2016年10月，由国务院办公厅发布的《老年教育发展规划（2016—2020年）》明确："老年教育是我国教育事业和老龄事业的重要组成部分。"据此，老年大学的科研就应主要研究老年教育理论、实践领域的问题，换言之，以研究老年教育和老年教育学为对象，同时包括对老年教育事业与老龄事业相关的理论和实践问题的研究。

一、研究范畴

马克思主义哲学认为，范畴是概括和反映客观事物普遍的本质联系的思维形式，是各种理论体系中的基本概念，是人类认识世界的思维“工具”。老年教育科学研究范畴，是反映和概括老年教育学研究领域中普遍的本质联系的思维形式，是老年教育学理论体系中的基本概念，是在老年教育实践基础上形成的带有规律性的认识成果，是认识和把握老年教育理论和实践的手段和工具。现阶段的老年教育理论体系虽然还是很不成熟的有待完善的理论体系，但这并不妨碍我们运用范畴工具加以研究，这里我们可以选择几个重要的老年教育研究范畴帮助我们进行老年教育研究。

（一）核心范畴。这里可以把老年教育与老年教育学作为老年大学科研的核心研究范畴。老年教育与老年教育学是两个既有联系又有区别的不同研究范畴。老年教育是一种活动，一种实践形态，可以从不同角度划分，如改革开放时期的老年教育，新时期的老年教育，等等。而老年教育学从形式上看，是一种理论形态，是研究教育现象、揭示教育规律的一门学科。因此不同范畴的老年教育研究，为我们提供了不同的科学研究切入口，这里体现的是对老年教育实践和理论的研究。在这一个大的范畴中，可以包含一系列子范畴，如老年教育科学与学科、老年教育现象与问题、老年教育经验与规律、老年教育思想与理论、老年教育方针与政策、老年教育发展与创新等，这些都是可供我们研究选择的重要范畴。

（二）关系范畴。在若干可供我们研究选择的范畴中，老年教育的要素及其关系范畴是不可或缺的，它们就是老年大学的教育者（教师、管理人员）、受教育者（老年学员）、教育中介（教育资料等）三大要素。教育者在教育活动中的主导作用，主要表现在指导与管理上。受教育者在教育活动中承担学习和接受教育的任务。教育中介是教育者与受教育者进行教育活动时所依赖的一切事物的总和，包括教育目的、教育内容、教育方法、教育手段与媒介、教育组织形式、教育环境等。其中的每一个要素都可以作为老年大学科研选择的关系范畴。

（三）具体范畴。具体范畴与时代变化及老年大学面临的形势、任务、需要息息相关。这里仅提示性地列举一些具体研究范畴供老年教育工作者选择研究课题时参考。具体范畴可以包括老年教育的发展历程、理论基础，老年教育的含义、性质和价值、对象特征、学科理论体系和学科范式的建立，课程设计和开发、评价、发展趋势，以及老年教育工作者的队伍建设等。新时期，老年大学科研要把实践研究放到首位，着力开展老年大学科学化、规范化、现代化建设研究，老年教育领导与管理体制研究，城市社区老年教育和农村老年教育发展研究，老年远程教育研究，第二课堂研究，老年教育开放办学和国际合作交流研究，以及其他相关老年教育微观管理和宏观管理问题的研究等。

二、选题方法

开展科研工作，首先要有选题，选正确的题和研究者熟悉的题是确保科研取得预期成果的关键。其中选正确的题是关键中的关键。选正确的题要有正确的选题方法。正确的选题方法主要涉及选题基本思路和具体方法两个方面。

（一）基本思路。老年教育研究主要以老年教育实践与理论为研究对象，遵从这一原则，老年教育研究选题基本思路就应从老年教育实践与理论中选题。

1. 从老年教育实践中选题。就是注重从老年大学工作实践中选择具有重要实践价值的选题。一般来说，我们在老年大学工作实践中需要解决什么问题，就研究什么问题。比如老年教育存在的各种现象和各类问题等，都可以成为老年大学科研的选题，其研究成果的取得对老年大学建设和发展可以起到积极促进作用，对进一步办好老年大学、提升老年教育质量有着重要指导意义，也是办好老年大学所必需的科学研究工作。当然，这种解决老年教育实践问题的选题，存在一定的局限性，会显得就事论事、零散而缺乏系统性，对老年教育理论系统发展起到的作用不十分突出。

2. 从老年教育理论上选题。就是注重从老年教育理论中选择具有重要理论价值的选题。通过对老年教育学理论体系、框架、结构和老年教育学各个组成要素进行创新研究，在理论上取得突破以形成新的研究成果。这种从理论上进行选题研究的思路，其成果对构建老年教育理论体系的完整性、系统性意义较大，对老年教育理论系统的发展能够发挥重要促进作用。但是，这种思路的选题也有一定的局限性，有时容易形成脱离实践的空洞的研究，这是应当注意避免的。

（二）具体方法。从理论上选题和从实践中选题，是科学研究中的两种基本选题思路。除了选题思路，选题方法也至关重要。科学研究过程中的选题方法很多，这里仅列举几种适合老年大学的具体方法，供老年大学科研工作者参考。

1. 在学习研究中选题。要善于学习和研究已有的科研成果，多阅读相关的老年教育著作和报刊，并从中发现重要的但还没有得到充分研究的问题，作为自己研究选题的切入点，这是最常见的选题方法。这种方法简单地讲，就是从别人的论文、著作里挖掘选题，也就是从“论文夹缝里找题目”，在别人研究的基础上推进问题的研究深度、质量和再创新。需要注意的是，这种选题方法绝不是复制原有研究成果或简单改头换面，而是在受到别人研究成果启发后产生的全新的研究，或是在已有研究成果中发现存在的错误、遗漏、缺陷或未完成的问题并对其进行再研究。

2. 在实践问题中选题。习近平总书记指出，全面深化改革就要有强烈的问题意识，以重大问题为导向，抓住关键问题进一步研究思考，才能推动解决我国发展面临的一系列突出矛盾和问题。新时代老年教育也要以问题为导向，深入探讨制约老年教育发展的瓶颈，为老年教育发展提供理论支持和决策依据。围绕老年教育现象和存在的问题需要研究的选题很多，比如关于老年远程教育发展问题，特别是关于农村和偏远地区以及经济相对落后地区如何加强老年远程教育建设的问题，还有老年教育如何融入养老产业，实现医、养、教有机融合等的问题，都是从实践和发展中发掘的选题。

3. 在贯彻落实重大方针政策中选题。今天的老年大学正肩负着比以往任何时期更多更重的历史使命。新时期老年大学的科研要突出习近平新时代中国特色社会主义思想对老年教育理论与实践的指导的研究，突出党和国家关于应对老龄化重大战略思想和工作部署的研究，突出树立积极老龄观研究，突出深入贯彻落实《老年教育发展规划》研究，等等。要围绕老年大学政治建设，把思想政治建设贯穿于老年教育的全过程，提高政治站位，教育引导老同志增强“四个意识”，坚定“四个自信”，做到“两个维护”，真正把老年大学办成离退休干部和老年学员学习、活动的主阵地，这都是当前和今后一定时期老年大学科研选题的着力之处。

4. 在热点、焦点问题讨论中选题。随着我国老龄化不断加深和老年教育的蓬勃发展，老年教育和老年大学必然碰到一系列理论和实践方面的新问题，有的问题还成为老年大学建设和发展过程中广受关注的热点、焦点问题。比如如何更好地解决各地普遍存在的老年大学“一座难求”问题，这需要围绕老年教育供给侧和需求侧两个方面进行研究分析并提出对策研究建议；又比如老年大学如何更好地解决“适老化”需求，进一步提升老年教育教学质量，以更好地满足不同层次老年学员的学习需求。

5. 在经验总结中选题。在我国老年教育三十多年发展历程中，老年大学事业取得了显著的成绩，结出了丰硕成果，探索出了有自身特色的老年教育经验，这应该成为老年大学科研选题的一个重要方面。比如我国老年大学在提高政治站位、强化思想引领，加强机构建设、搭建工作平台，加强宏观指导、扩大信息交流，展示办学成果、赢得社会支持等方面取得的突出成绩与经验，都是需要我们进行认真深入的总结和研究的。

6. 在不同研究视角中选题。国际化是我国老年大学必然的发展趋势。在推进我国老年教育理论研究与国际对接，吸收和借鉴国际老年教育先进经验的同时，我们积极宣传中国老年教育的优势特色，讲好中国故事，展示中国风采，有力地提升了中国老年教育的国际影响力，其中有许多需要认真深入研究的课题。特别是如何与我国港澳台地区以及周边华人教育发达的国家或地区以及“一带一路”沿线国家开展老年教育互学互鉴研究和老年教育交流研究，是一项紧迫的科研选题项目。基层老年教育如何适应社会治理改革需要、如何办好国际社区老年教育等问题，同样是老年大学科研中的新视角、新选题。

7. 在立项课题中选题。老年大学在开展研究的过程中经常会碰到纵向课题和横向课题的概念。所谓纵向课题是指由各级政府指定的科研行政单位代表政府立项的课题，如国家社科联、省社科联、市社科联及其他党委、政府及其管理部门设立的课题。横向课题是指各级政府及政府职能部门、企事业单位、社会团体等委托研究的课题（已确认为国家级课题、省市级课题、校级课题的除外）。从纵向课题和横向课题中选题，是老年大学科研选题的常规做法，是提高科研工作计划性、组织性的有效措施，其科研成果的取得对扩大老年大学的社会影响具有积极意义。

第三节　老年大学科研项目管理

科研项目管理是指对课题从项目申请、立项论证、组织实施、检查评估、验收鉴定、成果申报、成果推广到档案管理的全过程管理，其目的是使科研项目管理制度化和科学化，保证科研计划圆满完成，实现出成果、出人才、出效益的目的。科研项目管理是一项系统性管理工作。通过老年大学科研项目管理工作实践，我们认为，科研项目管理在课题申报、课题管理、经费管理、成果管理四个方面具有更加重要的意义，也是科研项目管理的重要方面，是不可或缺的管理过程。不同地区、不同单位对科研项目管理在课题申报、课题管理、经费管理、成果管理等方面有不尽相同的做法和要求，在此我们只能从一般性要求上来把握。

一、科研课题申报

课题申报是科研项目申请和立项论证的起始环节。课题申报书写得好不好、课题申报书质量高不高、课题申报书符不符合课题管理部门的具体要求，是课题申报能否获得立项的关键。

（一）写好课题申报书。首先要了解课题申报书的写作格式。一般课题申报书采用表格形式。主要包括申报书封面信息、申报书基本信息、课题设计论证或报告正文。基本信息包括课题组人员简历及专长等，负责人和课题组成员近期取得的与本课题有关的研究成果，主要参考文献，负责人正在进行的其他研究课题。课题设计论证或报告正文包括对研究课题的论证，如项目立项的依据、课题研究的基本内容、重点和难点、省内外同类课题研究状况、研究方法，本课题的理论意义和实践意义，对课题实施和完成条件的论证，负责人的研究水平、组织能力和时间保证，参加者的研究水平和时间保证，资料设备、科研手段，课题组人员分工，预期研究成果。还包括经费预算、课题负责人所在单位意见、资格审查意见、学科组评审意见、领导小组审批意见等。

（二）努力提高课题申报书的填写质量。课题申报人尽可能地全面占有资料是确保课题申报书质量的重要基础。重要课题的设计论证要掌握国内外同行研究的现状，并且能对其进行阐述和评价，较小的课题也要了解国内或省内同行的研究情况。申报的课题要具有较强的创新性，要符合客观规律，具有一定的理论和实践依据，要注重社会效益和对实践的指导作用。课题的选择要避免与已有研究课题重复，同时课题研究应有较强的针对性，最好能够聚焦解决某一领域或某一问题，还要选择切实可行、力所能及的项目课题来申报和研究。

（三）要着力避免课题申报书通常容易产生的问题，主要包括立项依据阐述不准确，既似是而非，可信度又不高；选题或论证缺乏创新，也缺乏应有的理论和实践支撑；研究成果和实践结合不紧密，实用性差，难以引起课题评审专家、同行和社会关注；论证说服力度不够，不能完全反映课题情况和准确表达课题研究所要达到的目标。

二、科研课题管理

课题管理是指对已经获得立项的课题进行的有效和规范的管理，这一管理涉及课题从立项到结题的全过程，是做好科研项目管理的重要组成部分。

（一）科研项目实行课题项目组长即主持人负责制。各课题组成员可以交叉，跨项目组的科研课题，采取双向选择、自由组合的方式进行。课题负责人对课题全面负责，具有相关的管理权限，并且全面负责课题的进度安排、经费使用、研究人员调配、物资领取、课题奖金和绩效奖励分配等工作，按课题计划完成各项任务并接受检查和考核。

（二）定时对课题实施情况进行检查和考核。课题组应按时将阶段性小结和评价及工作进度等情况上报课题立项管理部门。科研课题的研究内容、课题组成员、进度计划及经费预算一经确定，未经批准课题组不得擅自变更或修改，特殊情况须申请和审批，并报课题管理部门备案。

（三）研究工作中形成的所有资料要妥善保存，不得将集体研究成果据为己有。未经许可，课题组成员不得随意发表阶段性研究成果。研究过程应由专人准确、完整做好记录。课题研究结束后，由课题负责人把关，委托课题组成员撰写总结报告及课题成果，并将结题报告上报课题管理部门。

（四）因客观原因不能如期完成研究课题，课题负责人要写明未能如期完成课题研究的理由，报课题立项管理部门审批，管理部门论证研究后根据具体情况作出处理决定。一般来说，有继续研究价值的项目，确定在下一年度必须完成；对无正当理由不按计划完成课题研究者，取消其再申报相关课题立项的资格，同时，相应的课题经费予以收回。

三、科研经费管理

老年大学科研经费管理通常包含三个部分。一是学校内部通过同级财政部门年度预算获得的科研经费，其基本性质是财政预算内部门工作经费。二是通过课题立项获得的专门用于该立项课题研究的资助经费，其性质是专款专用课题费。三是在学校预算经费内设立科研课题资助专项经费，为支持和鼓励本校教学科研人员开展课题研究而设立的课题资助经费，其性质是部门预算内专项经费。

（一）科研经费管理。各级老年大学一般是列入当地党委、政府编制的公益一类事业单位，其人员和办公经费全额由同级财政预算划拨。老年大学科研经费不论各个学校科研机构如何设置，一般都有相应的工作经费。科研经费开支执行本校年度预算，按照同级财政财务管理规定开支。科研经费主要用于科研工作所需要的开支，但不包括人员工资、津补贴和绩效奖励等。科研经费支出通常包括：出版和发表科研成果，组织科研、调研活动，外请专家劳务费，科研成果鉴定等直接费用。科研经费不得用于支付本单位科研人员各种名目的劳务费、工作补贴等。本单位的预算内科研经费开支主要以同级财政规定的开支项目为依据开支。

（二）课题经费管理。课题经费是指因课题立项而从项目管理部门获得的资助性经费。课题经费实行课题组负责人负责制。课题组负责人应严格按照课题经费开支范围和标准，根据课题研究需要，在科研管理部门和财务管理部门的指导下，合法合规地安排使用课题经费，签批开支报销票据。课题研究期间，年度剩余资金可结转下一年度继续使用，完成任务目标并通过验收后，结余资金按规定留归课题承担单位自主管理，统筹安排继续用于科研活动。课题经费管理采取实报实销，超额不补。

立项课题一般分为纵向课题和横向课题。不论何种课题，规范的立项课题一般都配有相应的课题经费，实行专款专用，以确保课题顺利完成。不同渠道产生的立项课题，一般应有相应的立项课题经费管理办法，比如国家社科基金项目可按照《国家社科基金项目资金管理办法》执行，各省、市应按照本省、本市相关的课题经费管理办法执行。有的课题经费没有明确适用规定的，应参照本地区财政部门相关的课题经费标准开支报销。需要明确的是，课题经费不是包干经费，也不完全等同于劳务费开支。课题经费支出分为直接费用和间接费用两个部分。

1. 直接费用是指在项目研究过程中发生的与之直接相关的费用。包括管理费、信息资料费、调研差旅费、会议费、调查咨询费、编辑出版印刷费、国际合作与交流费、评审验收费、通讯费、设备与办公用品费和其他费用。

管理费指在课题研究过程中课题承担单位为组织和支持课题研究而支出的费用。管理费提取应设置一定比例，一般不超过课题经费总额的5%。信息资料费指在课题研究过程中发生的资料收集、整理、查阅、抄录、誊印、复印、翻拍、翻译费，图书购置费，数据购买、分析及相应技术服务支出等费用，课题研究期间相关学术报刊的订阅和购买费用。调研差旅费指在课题研究过程中开展国内考察调研、咨询交流、学术研讨产生的交通、食宿等费用。会议费指在课题研究过程中因研究需要而举办学术研讨以及组织协调课题等活动而产生的会议费用。调查咨询费指在课题研究过程中开展的调查、访谈、咨询、学术研讨等产生的费用。编辑印刷出版费指在课题研究过程中需要公开出版或内、外部印发成果所支出的编辑、印刷、出版等费用，所需费用按照财务管理相关规定据实报销。国际合作与交流经费指在课题研究过程中研究人员为完成课题研究任务临时出境以及境外专家来课题研究地产生的费用。评审验收费指在课题研究过程中课题承担单位组织的课题研究成果评审和验收活动所需的经费开支，包括专家评审咨询费、资料邮寄费和召开评审会等经费开支。通讯费指在课题研究过程中课题组成员使用电话和网络所产生的费用，所需费用按财务管理相关规定据实报销。设备与办公用品费，可参照相关项目规定适当报销。可以报销的设备一般包括计算机、打印机、复印机、录音笔等，所购置的设备属于单位国有资产，须办理领用资产管理手续。其他费用指除上述开支项目外，与课题研究紧密相关、必须开支的费用，如业务培训费、成果宣传费等。

2. 间接费用是指项目责任单位在组织实施项目过程中产生的无法在直接费用中列支的相关费用，主要包括课题组成员的稿费、劳务费。劳动报酬指在课题研究过程中支付给课题组成员的劳务性费用，包括稿酬和劳务费。稿酬是指在课题研究过程中支付给课题指导、执笔人等具有著作权人性质的费用。劳务费是指在课题研究中支付给为课题研究工作提供服务的课题辅助人员、外聘的课题研究工作相关人员的费用。需要注意的是，课题组成员以及可提取的劳动报酬比例和额度，应根据相关规定在各地财政部门审核同意后，制订金额领取标准。

（三）课题资助经费管理。设立科研课题资助经费的目的是鼓励教学科研人员在做好本职工作的前提下积极开展科研活动，围绕办好老年教育、提高教育教学质量和第二课堂水平、承担老年教育科研任务而设立的专项科研资助经费。科研课题资助经费管理应在上级部门相关政策规定的基础上制定科学规范的管理办法。

开展科研课题资助工作，首先应对有关的各级各类课题进行规范界定，以明确各级各类课题资助的合理性、有效性、合规性，其次要明确各级各类科研课题资助的范围和具体办法。通常已经划拨课题经费的课题，不纳入资助范围。本校教研人员参加该课题研究但课题主持人不是本校在职教职工的项目，也不应纳入资助范围。为鼓励教职工积极承担上级下达的科研课题研究任务，本校教学科研人员作为主持人申报的上级下达的科研项目且没有拨付科研经费的，应给予课题资助经费。因特殊需要，对批准立项的学校重大委托课题，因所需经费较多，可由学校根据个案情况决定资助经费标准。

委托课题资助经费的申报与发放办法，可参照立项课题经费管理办法执行。

四、科研成果管理

科研成果是教学科研人员开展科研活动最终的智力劳动成果。为了充分调动教学科研人员的科研积极性，鼓励通过开展科研活动多出人才、多出成果、多出精品，老年大学科研工作要重视和加强科研成果规范化管理工作。

（一）成果奖励。制定科研成果奖励办法。可以规定本校在职教职工发表的学术论文、出版的著作、获奖成果等均可按科研成果奖励办法的规定申请科研成果奖励。明确在不同类别的刊物上发表学术论文给予不同金额的奖励。出版专著或编写全国性老年教育统编教材（均有 ISBN 书号）、出版编著书籍或其他教材（均有 ISBN 书号）、出版教学辅导（参考）材料（均有 ISBN 书号）等，按成果字数予以奖励。对决策咨询类成果，获得国家级、省部级、地市级党委和政府领导肯定性签批或相关部门采纳的，分级别给予不同标准金额的奖励。在对科研成果给予经济奖励前，应制定符合相关财政财务政策规定并切实可行的科研成果奖励办法。实行科研成果奖励有利于鼓励教学科研人员积极参加较高层次科研成果的评奖活动，多出有较高质量的科研成果。

（二）成果宣传。科研成果宣传是对科研成果和科研人员的肯定和褒奖。科研成果宣传至少包含三个方面的工作。一是支持和鼓励将研究成果出版或在相关的学术刊物上公开发表，推荐在相关媒体上发表。二是推荐在中国老年大学协会宣传出版委员会主持的《老年教育》及部分省市主办的老年教育刊物上发表。三是举办老年教育优秀科研成果评奖活动，通过评奖，调动研究者的积极性，推动科研质量的提高。

（三）成果转化。科研成果转化主要是指各类科研成果在老年教育教学活动中的应用。老年教育具有研究式教学的显著特点，科研工作是其教学质量提高的重要基础和支撑，对办好老年大学具有引领和理论指导作用。科研成果转化主要有两种形式。一是直接转化。本校教学科研人员将自己取得的科研成果直接应用于教育教学实践，以提升教学质量。要鼓励本校教学人员联系工作实际独立开展研究工作，为科研成果进教材、进课堂创造有利条件，也可以组织本校教学科研力量集体开展研究，为科研成果向教学转化提供动力，还可以建立本校科研成果学术交流平台，为更大范围科研成果转化提供便利，实现科研成果的价值。二是间接转化。主要是积极利用校外同行的老年教育科研成果为本校老年教育办学和教学服务，以促进老年教育发展。

（四）成果保存。科研成果保存是指将课题成果按规定上报、登记并存档管理的过程。成果档案由课题负责人在取得成果后及时立卷归档，与外单位合作完成的课题成果，由主办单位存档保存。获奖的科研课题，应在公布获奖结果后一定时间内，由获奖人将获奖成果报送科研管理部门，获奖证书可复印一份一并与获奖成果报送备案。科研成果档案保存的文件资料包括该项目课题最终成果原件（含图片、数据及其他资料）、成果申报材料、审批材料、成果奖励文件、成果证书等。课题获得成果奖励后，课题负责人应先将规定应报送的所有资料报送完成后，方可领取成果奖励金。科研管理部门应不断加强科研成果档案管理，有条件的可采用电子化、数字化技术管理，提高科研成果保存的现代化水平。

第四节　老年大学科研组织

做好老年大学科研工作离不开科学有效的组织实施。老年大学作为我国终身教育体系中一支后起的重要力量，在规模数量上虽已达到6.2万多所，但绝大多数市级及以下县（市、区）、乡镇（街道）的老年大学、老年学校教职工人数多数在十几到几十人，仅凭一校之力来组织动员较多力量开展科研工作既不现实难度又很大。因此，要认真探索符合老年大学实际的科研组织实施办法。在这方面，中国老年大学协会和许多地方老年大学协会（大学）经过多年实践摸索，在老年大学教学科研组织实施方面取得了很大成绩，形成了一些好的做法。

一、发挥好全国性老年教育学术机构的组织和带动作用

中国老年大学协会下属的各个委员会在全国老年大学系统相关的学术研究中发挥了十分重要的牵头、组织、带动作用。中国老年大学协会各专门委员会聚集了一大批遍布许多省、市的教学和科研方面的专家、教授、学者，这是我国老年教育发展的一大

智力优势。各地老年大学协会（大学）都要组织优势力量积极参与到中国老年大学协会和各专门委员会的相关科研工作中，特别是科研课题研究项目，并以此为研究平台，推进本校的科研工作。

二、发挥好地方老年协会（大学）科研示范和推动作用

部分省、市老年大学协会（大学）成立了本省、市的老年教育（理论）研究会，有的省老年大学和普通高等学校联合创办了老年教育研究所。创办老年教育理论研究会、研究所旨在扩大老年教育理论研究队伍规模，调动老年大学、高等学校、社会科学研究部门以及相关的行政管理部门的领导和专家研究力量，在高层次、高起点上加强老年教育理论研究，提升老年教育科研影响力。

三、发挥好老年教育机构系统优势

有老年大学牵头组建由市、区、行业老年大学和较大的社区老年学校共同参与的老年教育理论研究基地。这类基地一般建在负责牵头的老年大学。成立老年教育理论研究基地，对克服一地一校老年教育理论研究力量薄弱和力量分散问题，发挥一定范围内老年大学、老年学校老年教育研究的优势是一个可行有效的办法，对最大限度发挥老年大学科研系统优势具有积极意义。

四、借助社会力量加强老年教育科研工作

还有的市老年大学由本校科研管理部门牵头，从下属老年大学、老年学校以及本地高校、党校、干部学校、社科研究部门等社会力量中聘请相关的研究人员来加强本校的科研工作。采取聘用制是老年大学借助外部力量加强本校科研工作的有效方法。这一方法对增强老年大学科研工作组织领导，减少机构设置、人员规模和促进日常管理工作都具有积极意义。

五、加强老年教育科研工作组织化推动

老年大学科研不应当成为老年大学教师和教育工作者的一种个人自发行为或业余爱好，而应该是职责所在。随着老年教育的蓬勃发展，老年大学学科建设成为关乎老年大学教学质量的核心工程，科研成为促进学科建设的一项重要的基础性工作和办好高水平老年大学的重要措施。

第八章
老年大学的队伍建设

面对新时代老年大学的新要求，作为一名合格的老年大学校长，必须牢固坚持以人为本的理念，通过建设一流的管理队伍、师资队伍、老年学员队伍、志愿者队伍，来建设一流的老年大学。

第一节　老年大学管理队伍建设

老年大学管理队伍是学校工作的策划者、组织者、管理者，居于引领地位。加强老年大学的管理队伍建设，对于老年大学的建设和发展具有举足轻重的意义。

一、老年大学管理人员的素质和能力建设

（一）老年大学管理人员的素质和能力

老年教育所具有的老年工作、教育工作的双重属性，决定着

老年大学管理人员必须兼具老龄或老干部工作者、教育工作者两个角色的素质要求。老龄或老干部工作者的角色，要求老年大学管理人员必须学习掌握和认真贯彻党的老干部工作、老龄工作方针政策，把握好老年大学办学的政治方向，发挥老年大学团结和凝聚老年人的桥梁和纽带作用。教育工作者的角色，要求老年大学管理人员必须懂教育，遵循教育的一般规律和普遍原则，同时积极探索和实践老年教育的特殊规律和个别原则，充分了解老年学员心理、生理、需求等的诸多特点，进而实施适老为老的科学有效的服务管理，做内行和专家式的管理人员。

（二）老年大学管理人员素质能力提升的路径

加强老年大学管理人员队伍的建设，要着力提升老年大学管理队伍的素质和能力。一是要加强管理队伍的思想政治建设。强化理论武装，培育职业道德，形成“热爱、担当、干事、有为”的共同价值理念，使之牢记建设一流老年大学的远景目标。二是要建立健全一线管理制度。通过不断深化管理队伍体制改革，压缩机关和二线管理人员数量，最大限度地充实一线教学管理人员，建立校长及综合型管理人员定期听课、跟班跟队协调服务、参与教学评估考核等制度，并把这些制度的执行情况与管理人员的考核评价结合起来，促进管理人员在实践中增长管理才干。三是要完善管理人员的培训机制。要突出培训的实效性，通过开展经常性的实训，精心策划专题型、案例式培训，促使管理人员不断加深对老年人的特点和需求的了解，不断把握老年教育的规律和特点，不断总结提升管理经验和管理方法，逐步成为熟悉现代老年教育的学习型管理人才。

二、老年大学的管理理念和成功案例

老年大学的管理理念，是由其独特的教育对象、教育目的等决定的，是老年大学管理宗旨、管理原则的集中体现。根据近年来的研究成果，老年大学的管理理念概括起来应该有四个方面。

（一）“以人为本”的理念

坚持从老年人自身发展状况出发，根据不同的需求及特点，从不同方面给予更加丰富、全面的教育。实施人性化的管理模式，根据不同老年人的学习需求及接受能力有的放矢地对其加以引导，逐步培养老年人的学习习惯。尊重老年学员的主体地位，学校的建设和教学、管理的展开都应以服务老年人为目标。

案例：天津市老年人大学在课程设置与开发中贯彻“以人为本”的经验。天津市老年人大学创造了以校本部为主体、以“章鱼式”办学模式和远程学习网为两翼的“一体两翼”办学格局，是全国首家在校学员突破 2 万人的老年大学。其成功的经验之一，就是在课程设置和开发上，切实贯彻“以人为本”的理念。学校坚持一切从学员的学习需求出发，专业和课程的设置涵盖了书法绘画、歌舞戏曲、生活艺术、文史外语、医学健身、电脑网络等几乎所有老年人喜爱的学习领域。为满足老年人循序渐进和不断提高的学习要求，把 77.3％的专业课程细分为初级班、中级班和高级班等不同层次。在办好长盛不衰的传统专业的同时，不断推出适应新时代老年人需要的新课程，每年调整、增设新课程都达 10 门以上。如 2003 年在全国老年大学系统首开图像处理课程，

2012 年在全市首开网购、平板电脑及母婴保健与护理等课程，这些课程一经推出就备受欢迎。

（二）非功利性的理念

坚持“有作为、有进步、有快乐”，寓作用发挥、素质教育、服务社会于快乐教育之中，把老年大学办成老年人发挥积极作用的主阵地和增知益能、补充新鲜营养、体现人生价值的“加油站”以及调整心态、愉悦身心、追求快乐的精神家园。

案例：上海老年大学从树长者风范到做风范长者，把老年素质教育与发挥积极作用、传递正能量有机融合的管理实践。学校坚持“倡导长者之德，以修身立德为表率；发挥长者之能，以学识能力传播文明；展现长者之魂，以人格魅力造就高尚品味”，将“长者风范”教育活动作为校园文化的主旋律，深化和拓展“博学、厚德、康乐、有为”的校训，笃守与践行长者风范“厚德明理、好学博闻、举止端庄、诚朴守信”的内涵，老带新，新学老，人人争做风范长者，个个传递正能量，让人肃然起敬。

（三）以学员为主体的理念

以学员为主体，是突出尊重老年人，让老年人在舒适的环境中发展好自己。通过教学实践活动激发老年人学习的主动性，使他们在学习过程中可以充分利用自己丰富的经验和阅历，与学习任务形成全新的互动，增强自信心。教师和管理人员在教学实践和管理过程中，坚持适度规范原则，重在引导学员建立良好的学习秩序，培养老年人自主学习意识，使老年大学的办学目标与老年人的自觉学习习惯养成高度契合。

案例：重庆市老年大学坚持以学员为主体，开展学员“自我学习、自我管理、自我服务”的实践。该校坚持以德立校，培养新型老人，重视思想政治教育，积极发挥老年人“自我学习、自我管理、自我服务”的作用，通过校园文化建设，强化学员“政治意识、主人翁意识、勤俭意识、服务意识、创新意识”的培养；营造“求知康乐、团结奉献”的校风，“教书育人、敬业爱老”的教风，“尊师爱校、学为结合”的学风和“民主求实、和谐高效”的工作作风，积极发挥学员志愿服务总队和临时党支部的作用，培育和践行社会主义核心价值观。

（四）开放办学的理念

开放性是老年教育的重要特质。坚持开门办学，在提高第一课堂质量的基础上，将老年人的学习活动向社会开放，拓展第二课堂，引导学员深化学习，加强实践，延伸第三课堂，组织学员参加社会公益活动，展现老年大学的学习成果，服务奉献社会。坚持用世界眼光办老年教育，组织开展游学活动，加强国际交流合作。

案例：哈尔滨老年人大学坚持走开放办学之路，大力开发和拓展第二、第三课堂并获得可喜成果。校舞蹈专业的模特队经常参加国内外各级各类演出并多次获得大奖；学校连续数年举办“哈尔滨之夏音乐会——哈尔滨老年人大学”专场演出和“欢度我们的节日重阳节——哈尔滨老年人大学美术书法展”等大型活动，成功承办第七届全国老年大学文艺会演。由学员组成的书法、国画、摄影、长寿、英语、计算机、诗词七个研究会开展的活动丰富多彩。学校注重学以致用，积极与厂矿企业和部队等联谊，为学员创造与社会广泛交流的条件，真情奉献，实现老有所为的夙愿，充分展现了老年大学的精神风貌，增强了社会各界对学校的认知度和学校自身的美誉度。

第二节　老年大学师资队伍建设

教师是教学的具体组织和实施者，居于主导地位，关系着教学质量的高低，关系着老年大学办学方向和管理理念的落实。老年大学的师资队伍，从教学功能和职责上讲，分为任课教师、辅导员等，从与老年大学的隶属关系上讲，分为专职教师、兼职教师及特聘教师等。本节所指的师资队伍建设，主要指老年大学教师的资质要求、聘用管理、教学标准、考核评价和能力提升等。

一、老年大学教师的资质、聘任与管理

（一）老年大学教师的资质条件

传道、授业、解惑是教师的基本职责。老年大学特殊的教育对象，要求教师除了具备与基本职责相应的基本资质条件外，还应具备与特殊教育对象相应的特殊资质条件。

一是热爱老年人和老年教育事业。老年大学的教师必须热爱老人，树立尊重学员、关心学员、服务学员的理念，与学员建立平等、亲密、和谐的关系，真心助老，乐于奉献；更要热爱老年教育工作，对老年教育事业有坚定的职业信念和崇高的职业追求。

二是具备良好的师德。教师不仅是知识的传授者，也是思想道德的引导者，教师的道德品行、言谈举止影响着学员的价值取向。老年大学的教师要树立正确的世界观、人生观、价值观，自觉增强职业责任感。要主动了解学员的思想动态和学习情况，关注他们的点滴进步，诲人不倦。要虚心向学员学习，学习他们的精神和优秀传统作风，促进自身思想境界的提高。

三是有较高的专业知识和教学水平。能够得心应手地驾驭教材内容，知其然且知其所以然。能够精心组织教学内容，把握教学重点难点，制订切实可行的教学计划。能够掌握老年人身心特点和学习需要，采取灵活多样的教学形式，因课而异，因人而异，使整个集体共同进步。

四是具备其他一些基本条件。比如，较高层次、较大规模老年大学的教师，一般应具有国民教育本科及以上学历、讲师及以上职称，三年以上任教经历。具有较强的语言表达能力和传授技艺能力。年龄方面，也应该根据专业需要有所规定，比如舞蹈形体类专业教师一般不应超过 55 到 60 岁。

（二）老年大学教师的聘任与管理

老年大学要根据学校长远建设的需要，按照老中青结合，聘期长中短结合，既保持相对稳定、又保证有活力有后劲的原则，就教师队伍建设提出近期计划和中长期规划。要根据计划和规划，每年安排教师聘用工作，根据老年大学教学所需的条件、标准和要求，发布需求信息，通过报名、自荐或推荐，建立师资储备库，形成“人才库”和“蓄水池”。聘任教师原则上应优先从储备库中选拔。正式聘用前，学校应组织评审组对应聘者的资质进行审核认定，对其专业水平、教学水平等进行综合考核，再签订聘任协议并颁发聘书。

加强对教师的教育、管理和监督。要建立健全教师资料档案。新聘任教师应有一定的试用期，教师管理部门应及时掌握教师试讲情况和学员的意见建议，教学效果差者，应及时停止试用。加强对教师教学质量的经常性检查与监督，根据教学计划，不定期进行抽查和听课，了解教学情况，实施考核评价。要建立教师的正常退出机制。对教学能力较差、学员普遍不满意、工作责任心不强、不配合不参与学校活动、不服从管理、违反学校规定的教师，应及时给予批评指正，经批评教育仍无效者，学校应解除聘任。

创新师资队伍管理。健全完善教师管理制度，制定教师责任、行为规范特别是课堂教学行为规范。建立相应的激励机制，实行基本工资、绩效工资和奖励工资相结合的弹性工资结构，充分调动教师的积极性。对兼职教师的管理，要坚持以尊重、关心为前提，以思想工作为先导，以感情投入为纽带，以充分调动工作积极性为目的，做到以诚相待，充分信任。要注重感情投入，建立健全教师节慰问及因病住院探望制度，虚心听取他们的意见和建议。建立优秀教师定期评选表彰机制，对在老年大学任教时间较长、成绩突出的应授予荣誉称号，增强他们的责任感、归属感和荣誉感。

二、老年大学教师的评价与培训

（一）制订教学计划和标准，加强教学考核评价

教学计划是指导与规范教学活动的依据，要按不同学科的特点与学制，编制教学总体计划，每学期根据总体计划制订课程进

度计划，依此具体安排各学科的教学活动。制订和执行教学计划时，须精心挑选教材，把握循序渐进、难易适度的原则，注意内容的时代性、知识性、趣味性、新颖性，不断完善现有教学内容。规范教师教学过程，督促教师按规定备课、写出教案和讲授提纲，规范授课方法。在教学内容和进度的把握上，要根据学员知识水平和接受程度的差异化特点，从中等程度出发，兼顾两头，使各层次学员都能学有所获。采取灵活多样的教学方法，联系实际，讲练结合，多演示，多示范，多练习，重视知识的巩固。督促教师开展教学研究，在教学实践中多思考、多探讨、多积累、多总结，通过教学研讨会和不定期的教师座谈会等，交流教学经验，改进教学方法，提高教学质量。定期举办教学公开课，推广先进的教学法。

扎实开展教学质量考核评估和教学成果展示。建立领导听课制度、工作人员跟课制度、教务管理人员巡课制度及教师互相听课制度等。科学设置教学评估内容和评估指标体系，从教学内容、课堂结构、教学方法、教学效果、学员反映等方面对教师进行考核测评，重点考核学员的到课率、对所学知识和技能的掌握程度、学员作业作品、学员实践能力的提高程度、学员身体和精神状态。要有计划有组织地利用开学典礼、节庆日等，展示学员的作业、作品，推荐学员作品、节目对外参赛、参展、参演，充分展示教学成果，通过成果展示促进教学水平和学习效果提升。

（二）加强对教师的培训

培训是建设专业化教师队伍的重要途径。要建立有效的教师培训制度，把教师培训纳入每年的重点工作计划。要有计划、有步骤地落实教师培训工作，形成教师培训工作的有效机制。一是在培训的目的或阶段划分上，实行岗前培训和在职培训相结合。对新入职教师，要进行系统的岗前培训，使他们了解和掌握人口老龄化的基本国情、老年教育发展的历史和现状、老年教育的目的和特点、老年大学教师的基本要求以及教师管理制度等，重点培训老年教育学、老年心理学的相关知识和老年教育教学的方式方法和技能等。在职培训，重点针对在职教师在教学过程、教学方法、教学效果等方面存在的问题，有目的地进行强化训练，着力提高其教学能力和水平。二是在培训内容上，要做到政治理论培训、师德师风培训与业务培训相结合，使师德师风建设与专业教学技能同步提升，克服重专业建设轻师德建设的倾向。要把尊重、关心、爱戴老年人作为师德师风培训的核心内容，常抓长抓，使之成为老年大学教师培训的特色。三是在培训的形式上，要坚持学校自办培训与相关机构专业培训相结合，现场观摩示范与研讨交流相结合，“走出去”培训和“请进来”培训相结合。坚持问题导向，积极推广参与式、体验式、讲座式、研究式、混合式、项目式、任务驱动式等先进方式，增强培训的实效性。

第三节　老年大学学员队伍建设

老年学员是老年大学的工作和服务对象，居于主体地位。搞好学员队伍建设，既是老年大学教育教学的重要内容，也是老年大学校长的重要职责。要做一名新时代合格的老年大学校长，必须充分了解学员的特点，有针对性地加强学员所在班级的建设和管理，推动学员自主管理的制度化、规范化。

一、新时代老年大学学员的特点

（一）新时代老年大学学员的身心特点

从生理上讲，新时代老年大学学员是处于第三年龄期（活跃老龄期）的老年人，既完全具备继续学习和参与社会事务的智力水平，而同时又在体能、行动力、记忆力等方面弱于一般成年人。从心理上讲，新时代老年大学学员，一是具有较强的自尊心，主要原因有：中华传统文化赋予老年人较高的社会地位；传统家族、宗族观念赋予老年人受尊敬的长辈地位；老年人自身的知识积累和完整的职业生涯赋予其自豪感。二是明显减退的好奇心。这在老年人群中是较为普遍的现象。参与再学习，是重新唤起老年人好奇心及其对社会事物的关注的有效手段。

（二）新时代老年大学学员的社会特点

老年人为了不被社会边缘化，为了“在社会上找到自己应有的位置”，需要不断学习以适应飞速发展的社会，社会也需要老年人发挥更大的作用和承担起必要的责任。老年人成为新一代学生，参与学习，接受教育，这既是时代的要求，也是社会发展的必然结果，更是新时代老年人自身的诉求。特别是在老龄化时代、信息化时代和终身学习时代，老年人要适应和融入社会，与他人共享时代进步尤其是科技进步带来的种种成果，就必须掌握必要的新知识和新技能，以完善自我适应社会。

（三）新时代老年大学学员的学习特点

1. 以适应社会、完善自我为主的学习动机

现代老年人参与学习最主要的目的是“学会过更好的生活的本领”。教育界宗师艾略特 1950 年 11 月在芝加哥大学做题为《教育的宗旨》的演讲，概括了大学教育的目标：（1）帮助学生日后能够自食其力；（2）培训他们日后有资格在一个民主国家中享有公民的权利与义务；（3）帮助他们日后发挥所有的潜力和天赋，从而可以享受美好的生活。该观点获得世界教育界的广泛认可。就老年人而言，第（1）项目标占比极少，或者说在我国几乎没有，后两项则占绝大多数，其实质就是适应社会和自我完善，这也是新时代老年学员与其他类别学生在学习目的上最大的区别。

2. 多元化、生活化、社会化的学习需求

多元化体现在老年大学开设的专业（课程）数量相当多，据统计，省级和副省级城市老年大学，平均开设的专业都在 80 个以上，课程覆盖面广，跨度大，从传统的文史哲类，到书画艺术类、外语类、歌舞器乐类、保健养生类、休闲健身类、益智棋牌类、烹饪类、摄像摄影类、计算机网络技术类等，可谓面面俱到。生活化和社会化，体现在老年人的学习需求高度贴近老年人生活，只要是能够满足老年人生活需求和兴趣爱好的，能促进健康、愉悦身心的，有利于老年人再次融入社会的，都是他们涉猎的学习领域。

3. 主客体相互转换的学习形式

主客体相互转换是现代老年大学教学和学习过程中一个比较特殊的现象。老年大学学生具有丰富的生活阅历和经验，并且大

多在某一方面具备一定专业知识，这种特殊性使他们既是学生，也可以是老师，两种身份可以相互转换。一是在不同课堂转换。如某一位老人，具备较高的书法艺术水平，在某老年大学书法班任教，而同时他又对古典诗词很感兴趣，报读了同一所老年大学的诗词班。因此，他在这所老年大学既是老师又是学生。二是在同一课堂转换。这种做法在欧洲很多第三年龄大学中流行，即小组研讨式学习模式。在这种模式中没有固定的教师，学员根据研讨内容组成学习小组，共同研究和讨论，组员根据自身的专业轮流任教，达到知识共享的目的。

4. 较强烈的学习成果展示欲望

老年大学学生对学习成果的展示欲望都比较强，这一方面是由其学习的动机决定的，老年人进老年大学学习的主要动机之一是自我完善，这就需要通过展示成果获得认同和满足感；另一方面，在我国老年大学课程构成里，歌舞器乐等表演类课程居多（这也是我国老年人的兴趣所在），而展示表演本身就贯穿于其学习形式和内容之中，成为目前我国老年大学工作的一个很重要的板块，这也促进了老年大学校园社团的兴起以及校园文化的发展。

二、老年大学班级建设与管理

班级是老年大学的基本单元。各种教学活动任务大多数要在班级落实，教师随班执教，校园文化建设通过班级活动展开，校风通过班风来体现。班级的建设和管理质量，决定着老年大学管理工作的整体水平。

（一）老年大学班级建设

1. 班主任队伍的建设。班主任的主要职责是代表学校和教学管理部门，指导班委会工作。班主任的管理幅度应适度适中，根据班级人数的多少，每名班主任管理的班级应在10个左右为宜，以保证每个班级的教学活动班主任都能参与和介入。

2. 班委会的建立及其职责。班委会根据学员人数，设班长一名，委员若干名，班委会成员须经学员民主选举产生，报学校有关部门批准。班委会成员必须拥护党的路线及方针政策，遵纪守法，努力学习，乐于奉献，热心为学员服务，有一定的组织协调管理能力，身体健康，在学员中有较高威信。班委会在教务管理部门、学员管理部门及班主任、任课老师的指导下，履行对本班学员的教育管理职责，并完成学校和班主任交办的其他相关任务。

（二）老年大学的学员管理

老年大学对学员的管理，要从尊重、关心、爱护出发，把管理工作融入服务之中，以服务促管理。有关规章制度要力求符合老年学员的特点，简明扼要，便于操作和执行。要制定必要的学员守则和课堂规则，规范学员在校行为。应定期举办时政讲座和学习心得交流会，运用多种形式宣传党的路线及方针政策，使学员在思想上、政治上与党中央保持高度一致。要建立健全学籍管理制度，采取现代化、智能化手段，分类、分项记录新老学员基本信息及所学课程等情况。要重视开展创先评优活动，定期评选先进班级和优秀班干部、优秀学员，形成激励机制。

（三）学员党组织建设

老年大学应当把建立健全学员党组织、发挥学员党组织的战斗堡垒作用和学员党员的先锋模范作用作为发挥老年大学老年人思想政治建设主体作用的基本要求。根据学员中党员人数的多少，在学校建立学员党委、总支或支部，在院系建立总支或支部，在班级建立支部或党小组。学员党员的组织关系应按照“一方隶属、多重管理”的模式，可以将组织关系转入老年大学，也可以不转入，但都应当编入党支部和党小组，接受学校党组织的教育管理和监督。

三、老年大学学员的自主管理

老年学员具有人格的成熟性和行为的自主性，老年大学的管理应该以老年人的根本需求为核心，以尊重、服务老年人为前提，倡导实行有制度安排、有组织落实的内容丰富、形式多样的自主管理，把合理的制度安排变成学员的自觉行动，充分激发学员的自主、自律意识，让学员享受自主管理的乐趣。

（一）重视学委会的建设和作用

学委会是学员实行自主管理的自治组织，是联系学校和学员的桥梁和纽带。老年大学要重视学委会的建设和作用，根据工作需要及时对学委会成员、内设机构、分支机构进行调整、补充和完善。要积极支持学委会开展学员集体学习、文艺体育、社会实践、志愿服务等多种活动，促进学员德、智、体、美等全面发展。

学委会要认真执行和贯彻党的老龄工作政策，自觉维护学员的正当权益，反映学员的建议和意见，积极参与学习事务管理，协助学校组织学员自我管理、自我服务、自我教育，形成良好的教学秩序和学习环境，倡导良好的校风、教风、学风、班风，促进学员之间交流互助，促进教师与学员之间的教学互动。在学校的统一安排下，学委会应有计划地组织学员开展各类文艺演出、文艺竞赛等活动。

（二）加强学员社团组织的建设和管理

老年大学社团是在学校统一管理下，由具有相同兴趣爱好的老年学员组成的社团组织。在新的形势下，老年大学社团既是学员第二、第三课堂的重要阵地和服务社会的重要依托，也是学员自主管理的重要组织形式，同时也是解决学员出不去问题，缓解老年大学“一座难求”现状的重要措施。

老年大学社团建设的原则，一是坚持实行学员自我管理、自我服务、自我约束，保证社团活动的自主性，让老年学员“入团自愿、专业自选、学习自觉、纪律自守”；二是坚持规模适中原则，根据学校招生规模、发展需要等，确定社团的数量和规模，不能一味追求规模，忽视社团建设质量；三是坚持经常活动，让老年学员愿意加入，有事可干，增强社团的吸引力，发挥社团应有的作用；四是坚持乐为结合，把展示学员风采、提升自我价值与服务社会结合起来，让老年学员在社团中有所学、有所为、有所乐，实现自我价值。

提高社团建设的质量，一要选好负责人。让政治立场坚定、热爱老年教育事业、专业技能突出、管理经验丰富、具有奉献精神的老同志任社团负责人。二要加强指导。既要充分尊重社团的自主性，又要在师资、管理、服务等各个方面给予指导，提供支持。三要搞好协调联动。力争使各个专业类型都有相应的社团组织，实现各个社团均衡发展，让社团之间互相借鉴、互相学习、互相促进，形成发展合力。四要健全管理制度。要在学校统一领导下，建立健全社团组建、监督、撤销等一系列管理制度，确保社团健康发展。五要强化宣传。宣传好社团服务社会的典型事迹，展示老年学员的精神风采。

（三）老年大学学习共同体的实践探索

“学习共同体”是指由学习者及其助学者（包括教师、专家、辅导者等）共同构成的团体，他们彼此之间经常在学习过程中进行沟通、交流，分享各种学习资源，共同完成一定的学习任务，因而在成员之间形成了相互影响、相互促进的人际关系。在传统教学中，教师、学生同时在一个教室中参与教学活动，可以很容易进行面对面交流，可以自然而然地形成一定的学习共同体，比如一个学习小组、一个班级乃至一个学校，都可能成为一个学习共同体。学习共同体是一种国际公认的重要学习组织形式，被广泛应用于现代教育体系的教学活动中。

老年教育相较于青少年教育，教育活动目的更加明确，方式更加灵活，通过组建学习共同体，能够使老年学员相互促进，共同进步，还会收获意想不到的见识与知识。老年教育发展目前最大的瓶颈和矛盾，是老年人多而教育资源少，传统的老年教育只能通过老年大学，但老师少、教舍少限制了老年教育的发展，建立学员学习共同体，学员本身就是最大的教育资源，他们志同道合，相互间能互通资源，通过核心学员的“传帮带”，能让更多学员获益，也能加强相互之间的联系。所以说，学习共同体也是学员自主学习、自主管理的有效形式。

第四节　老年大学志愿者队伍建设

建立各种类型的志愿者队伍，发挥其在学员自主管理、校内外大型活动组织、社会公益服务等各方面的作用，是新时代老年大学工作的发展方向，也是老年大学队伍建设的重要组成部分。

一、老年大学志愿者组织的性质和类型

老年大学志愿者组织是由学校教职员工、学员联合组成或分别设立的志愿服务组织，是师资队伍的重要补充和学员队伍的骨干力量，也是老年大学服务社会、发挥社会功能的重要依托。老年大学志愿者组织应秉承“奉献、友爱、互助、进步”的志愿服务精神，以“有作为、有进步、有快乐”为宗旨，以协助教学活动、服务校内外各项活动、开展社会公益服务等为主要任务。

老年大学志愿者组织，按照志愿主体与服务领域不同，可分为教师志愿者、学习服务志愿者、社会公益服务志愿者等。教师志愿者，由老年大学教师、其他有教学经验的专家学者等组成，志愿服务的范围主要包括校内教学互助服务、课外活动辅导服务、基层社区老年教育教学服务及师资培训服务、青少年关爱服务等；

学习服务志愿者，以学员骨干为主体组成，志愿服务的范围主要包括教学活动保障服务、课堂教学辅助服务、为学习能力较差学员提供学习帮助、校内外展示展演活动的服务保障、校内秩序和环境维护服务等；社会公益服务志愿者，可由老年大学教职工、学员骨干联合组成，也可以单独组建，志愿服务内容主要是深入社区、企业、农村、中小学校、敬老院、福利院等，主动开展公益服务，如文艺节目慰问演出、传统文化革命文化传承演讲、老年护理、儿童关爱、社会捐赠等公益志愿服务，承担社会责任，积极奉献爱心，促进社会和谐。

二、老年大学志愿者组织的建设和管理

（一）志愿者组织的建设

1. 把志愿者组织建设纳入老年大学队伍建设的全局之中，统筹规划

根据教学活动开展的需要和教师、学员队伍的实际状况，有计划、有步骤地推进志愿者组织的建设。志愿者组织的建设必须坚持服务学校整体工作，坚持为学习活动提供服务和保障，坚持面向社会开展公益服务，坚持与时俱进搞好自身建设、坚持在学校统一领导下开展工作。

2. 严控老年大学志愿者的条件，选好志愿者

一是必须坚持自愿，自愿参加老年大学志愿者组织并在其中积极参加志愿服务，由本人提出申请，经审查批准成为志愿者，不得在未经本人同意的情况下由组织或领导指定；二是老年大学志愿者要遵守国家法律法规，遵守社会道德风尚，秉承奉献、友

爱、互助、进步的志愿者精神，遵守老年大学志愿者组织的章程，积极履行志愿服务义务，同时享有规定的权利；三是规范退出机制，志愿者有退出志愿者组织的自由，志愿者要求退队，应向所在志愿者服务组织提出，履行一定程序。志愿者不遵守章程、不履行义务，经教育仍无改变的，取消其志愿者资格。

3. 规范志愿者服务组织的建设

每个志愿者，都要根据其特长编入相应的志愿者服务小组，从事相应的志愿服务。志愿者服务组织实行民主集中制，在学校统一领导及有关部门管理下开展具体工作。志愿者服务组织应设立相应的领导机构，如设立志愿者服务队，由队长、副队长和队员组成；志愿者服务队根据规模和服务类别可下设若干服务小组。每组设组长1名、副组长1至2名。队长、副队长由有关部门考察同意后报学校确定，各小组组长由队长提出建议人选，并报主管部门同意。

（二）志愿者组织的制度建设

建立志愿者组织的学习制度，组织志愿者学习习近平新时代中国特色社会主义思想，学习相关专业知识，参加学校组织的政治、业务学习和相关培训，了解学校重要工作、重要活动的安排部署情况。建立相应的工作安排和会议制度，志愿者组织应根据学校总体工作和教学活动安排，提出志愿活动的年度计划和单项活动具体方案，报经有关部门和学校批准后实施，做到任务明确、责任明确、分工明确、落实有效。建立廉洁自律制度，坚决反对利用志愿者身份从事营利性及非法活动，遵规守纪，自觉维护老年大学形象。建立必要的宣传制度，及时宣传报道志愿活动中有突出表现的志愿者，树立典型，发挥其示范带头作用。

第九章
我国现行老年大学的办学模式

从我国老年大学 30 多年的发展史来看，我国老年大学一直没有一个统一的办学模式，这也反映出我国老年大学办学模式的多元化和复杂性。

第一节　老年大学办学模式概述

一、老年大学办学模式的界说

老年大学是老年教育的重要载体，所谓老年大学的办学模式就是在特定教育体制下老年教育的运行方式。

从老年教育的制度和体制着眼，可以把老年教育的办学模式划分为以下两种模式：一是以校园办学为主的孤立型/封闭性模式；二是以非校园为主的网络型/开放型模式。随着我国人口老龄化形势日趋严峻，为了大力扩展老年教育的覆盖面，让老年教育向城乡社区发展，势必要求老年教育由孤立型/封闭性办学模式逐步向网络型/开放型的办学模式转变。2020年突发的新冠肺炎疫情已经凸显出开放型“网课”的有效性。

二、老年大学办学模式的内容

老年大学的办学模式这一抽象概念，给我们提供了怎样的理论视野，在具体的老年教育办学模式中又为我们提供了哪些思路，类似的问题构成了老年大学办学模式这一概念的实质问题。

按照以上对老年大学办学模式这一概念的理解，在思维方法意义上，就把各级各类老年大学、老年学校作为一个思维整体，从宏观与微观的结合上进一步探讨老年大学与其他社会现象以及教育系统内部其他因素的关系，最终建立起与其他社会现象及教育系统内部因素相协调的动态发展的老年大学办学模式。

沿着老年大学办学模式这一理论视野，探讨老年大学办学模式时，可以按照以下思路。

（一）将各级各类老年大学、老年学校作为一个整体，探讨其与其他社会现象的关系。这层关系的核心问题是权力问题，诸如：决策权的归属、使用及其控制；老年教育市场对老年大学的数量要求与教学内容、招生人数的变动；为满足老年人日益增长的精神文化需求而进行的课程结构调整；老年大学办学与自然地理特色；老年大学办学与社会主流文化的演变；老年大学办学与社会民主法治建设的演变等问题。

（二）将各级各类老年大学、老年学校作为一个整体，探讨其与教育系统内部其他要素的关系。如：从人的培养的梯度层次与规格搭配看，高、中、低各类人才都须有不同的培育方式；从学校教育的阶段性与整体性看，老年大学办学就存在与社区等其他办学模式协调、适应的问题。

（三）将各级各类老年大学、老年学校作为一个整体，探讨其在自己的历史发展过程中发生了哪些演变。这条思路就是把上两条思路结合在一起，放到整个社会变迁中，以便从过往经验和教训中找出对当下的老年大学办学模式有借鉴价值的东西。这条思路的前提和必然结果是：老年大学的办学模式绝不是一成不变的，而是随着教育内部及教育外部其他社会现象的变动而处于经常的变化之中。理论探讨的任务，不是为老年大学找到一个“最完美”的办学模式，而是根据上述因素和理论的变化，努力探索具有中国特色的老年大学办学模式。

三、探讨老年大学办学模式的意义

探讨老年大学办学模式具有以下作用或价值。

（一）从老年大学系统本身看，把老年大学作为一个相对整体，从整体上把握老年大学与老年教育其他各因素的关系，将对具体问题的研究统一到整体之中，就可避免某一具体问题研究中的单一性和片面性。

（二）从老年大学与社会的关系看，老年大学办学模式这一概念要从整体上揭示社会政治、经济、地理、人口等因素与老年教育的联系。这一概念因此而成为老年教育与社会联系的中介，经由这个中介，一方面可以探讨社会政治经济的转变对老年教育的影响，另一方面也可探讨老年教育通过培养大批老年人才对社会发展起到的巨大作用。

（三）从老年大学自身发展的历史看，老年大学办学模式就是要从不同政治、经济、文化背景下的老年大学的历史沿革中探讨老年教育问题。其核心就是要找到与经济、社会相适应的老年教育体制和运行机制。

第二节　我国老年大学多元化办学模式

中国特色老年大学办学模式与老年大学的管理体制正相关，与广大老年人日渐增长、变化的多向度的精神文化需求正相关。只有全面把握中国当下老年教育体制状况和广大老年人的精神文化需求状况，才能正确认识目前我国老年大学的办学模式。

一、我国老年大学的多元化举办主体

抽样调查数据显示，各地各级老年大学的举办主体呈现多元化，主要分为两大类。

第一类为政府部门主管主办。其从属于党委、政府相关部门。按不同政府部门主管主办的老年大学所占比例由大到小排序，分为：1. 老干部局主管；2. 民政局主管；3. 老龄委（办）主管；4. 文化局主管；5. 教育局主管。

第二类为非政府部门主管主办。其从属于各种非政府部门的

社会民间机构组织以及个人。按不同非政府部门主管主办老年大学所占比例由大到小排序，分为：1. 企业自办；2. 高校自办；3. 民间机构自办；4. 农村集体自办；5. 个人自办。

二、目前我国老年人精神文化需求的状况

老年人的精神文化需求由其物质生活水平决定，当物质生活水平低下或较低下时，老年人的首要需求是“吃饱肚子”“有衣服穿”等物质需求；当物质生活水平大幅提高后，其精神需求才会被提上生活日程。华东地区有些城市老年大学某些专业课程的“一座难求”掩盖不了全国老年教育需求侧矛盾的普遍性，即有效需求不足。这里的需求侧是各地区老年人群体。

宏观层面。据中国老年大学协会统计，截至2016年年底，全国有老年大学（学校）62 211所，共有学员8 147 410人；该年全国60岁及以上老年人为24 090万人，全国老年大学、老年学校入学率仅为3.38%。

中观层面。以老年教育在全国发展排名前列和后位地区为例，截至2016年年底，江苏省老年学员1 012 370人，60岁及以上老年人1 719.3万人，入学率约为5.89%；福建省老年学员780 731人，60岁及以上老年人515万人，入学率约15.16%；上海市老年学员777 914人，60岁及以上老年人457.8万人，入学率约为16.99%；宁夏回族自治区老年学员16 400人，60岁及以上老年人87.9万人，入学率约为1.86%；海南省老年学员9 457人，60岁及以上老年人125.5万人，入学率约为0.75%；青海省老年学员7 873人，60岁及以上老年人72.5万人，入学率约为1.09%。

上述老年大学入学率反映出各地有绝大部分老年人没有或不愿意接受老年教育，换言之，从需求侧看，各地老年教育的有效需求相当不足。

但是，在华东地区的经济发达城市，由于经济发展迅速，广大老年人物质生活质量不断提高，其精神需求凸显，如苏南地区。有学者对苏州、无锡、常州、镇江和南京各层级老年教育进行了抽样调查。调查数据显示，截至2018年年底，苏南地区苏州、无锡、常州、镇江、南京五市老年教育的入学率约为6.67%，参与率达到19.60%，参与率已经接近国务院《老年教育发展规划（2016—2020年）》（以下简称《规划》）提出的20%的要求，进入了我国老年教育先进地区的行列。其中，苏州、无锡、常州、镇江、南京五市基层老年教育的贡献率极大，苏南五市城乡社区老年教育参与人数达到1 191 235人，平均每市的城乡社区参与老年教育的人数为238 247人。苏州、常州、镇江老年教育已经实现城乡老年教育全覆盖。这三市的老年人在家门口就能接受教育，或者通过老年教育远程网络、微课堂等足不出户就能学习。苏州的吴江区目前有区老年大学1所，各区镇老年大学8所，分（部）校17所，街道、村社区老年学校或教育点445个；注册就读学员66 946人，全区老年教育入学率约为28.44%。苏南地区老年教育的新发展证明《规划》提出的“基本原则”“主要任务”不仅正确，而且具有可行性，既体现了发展老年教育的价值取向，又反映了中国老年教育发展的特殊性。

中国老年教育发展的矛盾普遍性与矛盾特殊性交互作用，客观地生发出老年大学多元化的办学模式。

三、多元主体下的老年大学办学模式亦多元化

由于管理主体的多元化，各地各级老年大学、老年学校的办学模式没有统一标准，均根据本地实际，自己探索，改革创新。据相关调研，目前我国各地各级老年大学、老年学校办学模式主要有以下几种。

（一）以课堂教学为主的校园办学模式

这种办学模式基本沿用了国民教育学校的办学方式，是有围墙的老年大学、老年学校，但也有自己的个性特征。其教学资源来源于政府主管部门的资金投入，教师一律外聘，实行非学历教育，面向社会广大老年人招生，毕业不考试，为广大老年人提供灵活便捷、公平开放的专业课程和多层次、多样化的教育服务。这种办学模式是当前我国老年大学、老年学校的主要办学模式。

（二）以网络为基础的远程教育办学模式

这种办学模式是在广播电视大学的基础上开办的。远程教育的办学模式以现代信息技术为支撑，办学网络立体覆盖城乡社区，面向全社会老年人，是没有围墙的新型老年大学、老年学校。其师资基本由政府部门投入资金，聘请各大专院校的专家学者和富有教学经验的优质教师组成。远程教育的办学模式强调优质教育资源的集聚、整合和共享，强调以现代信息技术为支撑，探索现代信息技术与教育的深度融合。学生只要注册后即可足不出户，在线学习，平等学习最优秀、最现代的各学科、各专业的新知识、

新技能以及我国优秀的传统文化。2020 年 1 月突发新冠疫情，一些老年大学的“网课”凸显出老年远程教育的办学模式具有强大的发展潜力、生命力和可持续性。老年远程教育的办学模式在全国各地已经较为普遍。

（三）“学习团队”“沙龙”“学习点”“周周会”等“自组织学习”的办学模式

这些办学模式正在上海市各区基层社区出现，大都是由老年大学毕业的老年学员领头创办的，“教师”与“学员”角色根据专业课程互换，学习场所和教材均自己解决，不需要任何政府部门投资，完全是老年人“自组织学习”的模式。

（四）“章鱼式”办学模式

天津市老年人大学在 2011 年提出了“章鱼式”办学模式，以老年大学为基点，将老年大学教育资源与社会教育资源有机结合，在社会各层面逐步有序地建立市民学习型组织和基地，通过不断改革而逐步扩张，形成了“市一街道一社区一居民小区”的居民“学习环”，为建设学习型社会和实施“文化强国”战略打下了坚实的社会基础。其主要特点如下。一是主动性。“章鱼式”办学模式是天津市老年人大学改革老年教育办学形态的主动、积极的实践探索。二是系统性。“章鱼式”办学模式的建构和发展均有系统性规划、决策和实施计划，因而能在天津市社会各层面逐步实施和推广。三是有序性。“章鱼式”办学模式的实施和推广，不是急于求成，而是根据社会各方面的需求，在与社会各方协商中逐步推进和发展的。据相关统计数据，截至 2014 年底，经学校发牌认定的校外教学实践基地已达 77 个，共开设了 20 余门专业课程，组织活动 7 000 余场，参加活动人数高达百万人次。举办各种展览、笔会 118 场，参展作品近 8 000 件。深入部队、公安部门、企业、养老院、社区、学校、幼儿园、SOS 儿童村等进行慰问演出 180 余场。获全国和地区各级奖项 600 余项。本校学员参加社区老年人活动并成为社区群众社团活动组织骨干和带头人的，占常年在校学员的 18.41%；参加服务社区工作的，包括做社区管理人员、社区教师、辅导员、教练、顾问、义工、宣传员、社团负责人等的达 10.77%，另有 5.39%的学员应聘了其他社会工作，以上三项之和达 34.57%。

（五）社区老年学校与社区教育中心合二为一的办学模式

例如，镇江市老年教育归属市教育局管辖后，镇江市所有区、街道、社区老年教育都由市、区教育局管辖。镇江市区、街道的社区老年学校均与社区教育中心合二为一。京口区四牌楼街道的社区老年学校与社区教育中心，为街道社区老年人创设了良好的学习环境。截至 2017 年年底，镇江市京口区四牌楼街道 60 岁及以上老年人共有 2.35 万人。为了满足这些老年人的精神文化需求，四牌楼街道将现有的 1 所街道老年学校与社区 9 所居民学校整合，另外还开设了老年远程教育网——“京口终身学习网”，共有 4 500 多名老年学员接受老年教育，四牌楼街道的老年教育入学率约为 19.15%，接近国务院下发的《老年教育发展规划（2016—2020 年）》提出的 20%的老年教育普及目标。

又如，南京市江宁区谷里镇、昆山市周市镇、苏州市吴中区木渎镇和张家港保税区金港镇、苏州市吴江区黎里镇致力于“学习型乡镇”建设，将农村社区老年教育融入农村社区教育中心，不断扩大全民学习、终身学习的覆盖面，不断提高农村社区教育水平，通过开展多层次、多样化的教育模式，努力建成学习型的历史文化名镇。2014 年 7 月，谷里镇和木渎镇成人教育中心通过了联合国教科文组织验收，成为第二批联合国教科文组织“农村社区学习中心（CLC）能力建设项目”；2016 年，张家港保税区金港镇、昆山市周市镇、苏州市吴江区黎里镇汾湖高新区成人中心校也通过了联合国教科文组织验收，成为联合国教科文组织“农村社区学习中心（CLC）能力建设项目”。

（六）养教结合的办学模式

这种办学模式是老年大学、老年学校与养老院结合开办的老年教育，即把老年教育办到养老院，让养老院的老年人也能接受教育。养教结合的办学模式基本是免费教育。教师由老年大学、老年学校派出，课程也由老年大学、老年学校根据养老院老年人的精神文化需求设置。例如，在国务院《规划》还未下发时，常州市新北区河海街道就把老年学校搬进社区养老服务中心，摸索出了基层社区老年教育的“养教结合”新模式。常州市新北区河海街道现有 60 岁及以上老年人 7 574 人，约占户籍人口的 15.5%。为了满足街道老年人多样的精神文化需求，河海街道老年学校整体进入河海街道万家安居养老服务中心，建构了社区老年学校与社区养老服务中心一体化的老年教育新模式。学校招生不限名额；不收学费；不考试；中午下课后老年学员可以在一楼社区养老服务中心吃午餐，70 岁以下的老人吃午餐只需要交两三元钱，70 岁及以上老年人吃午餐免费。教师没有工资，全是义务服务。学校为书画教师提供了书画工作室，使书画教师有一方创作研究的小天地。学校的办学经费来源于每年街道投入的 4 万元，其余由街道企业和其他社会组织赞助。河海街道老年学校根据老年人密集度划分为燕兴、富都和海阳三个社区分校。截至 2018 年年底，河海街道老年学校共有老年学员 800 多人，约占街道老年人总数的 11.43%；共开设了适合社区老年人精神文化需求的陈氏太极拳及手杖操、杨氏太极拳、形体舞、刻纸、抒怀剑、太极柔力球、书法、美术、交谊舞、民族舞、音乐、智能手机、模特礼仪等 20 多门课程。

总之，随着中国社会的发展和老龄化形势的严峻，中国特色的老年教育还将涌现出更多的适应各地实际的办学模式。

第十章
老年大学的发展与外部环境

老年大学是一个开放系统，在发展中不断与外部环境交流物质、人员、能量和信息。实现老年大学与外部环境的良性互动，既是老年大学转型发展的需要，也是老年大学现代化发展的必然趋势。老年大学积极开展对外宣传，扩大社会影响，采取“走出去、请进来”的开放发展战略，挖掘和利用区域资源，积极参与地方和社区文化建设，与地方政府的工作相协调，是老年大学对外发展的基本路径。

第一节　老年大学对外宣传与影响

老年大学的对外宣传，是指老年大学对自身以外的外部环境所进行的信息传播，传播的范围既包括其所在的地区、国家，也包括世界其他国家和地区。对外宣传的目的是为了宣传老年大学的办学经验、办学理念、办学方法和办学模式，增强老年大学的知名度、认同度和美誉度，进一步提升老年大学的办学质量。

一、全方位拓展对外宣传渠道

老年大学的对外宣传应充分利用学校自有媒体、本地主流媒体和上级媒体平台等，努力在讲好老年大学故事、传播老年大学声音、弘扬老年大学精神上下功夫，统筹兼顾，多措并举，全方位拓展对外宣传渠道。

（一）充分利用学校自有媒体

自有媒体是指老年大学自身所有的宣传媒体平台。全国各地老年大学早期有校报、校刊，如今普遍建有微信公众号以及网站等多种自有媒体平台。老年大学校长应当充分利用学校的自有媒体平台，健全宣传骨干队伍，更好地发挥自有媒体平台的作用，对外宣传办学情况，不断扩大社会影响。自有媒体平台建设应当结合各自学校实际情况逐步投入、循序渐进，将校报、校刊等传统媒体宣传手段与微信公众号、网站等新媒体宣传手段相融合，将校园文化、党建元素和教学成果等内容综合融入对外宣传中去，潜移默化地宣传老年大学，争取获得社会更多的关注。

（二）广泛运用本地主流媒体

本地主流媒体是本地党委、政府的喉舌和主要宣传阵地。各级老年大学在利用好自有媒体平台的同时，应当与本地电视台、报纸和杂志等主流媒体取得联系，积极沟通和协商，获得支持和服务。老年大学应当通过本地主流媒体平台，广泛宣传老年大学的办学成果，及时向社会发布校园信息，宣传老年大学模范人物事迹，培育和践行社会主义核心价值观，发挥老年大学“五老”聚集优势，积极传播老年大学正能量和树立正面形象。同时，老年大学可以与本地主流媒体联合举办书画摄影大赛、文艺会演、志愿服务等活动，为老年学员搭建展示教学成果和开展志愿服务的平台。

（三）争取更高层次媒体平台

上级媒体平台的宣传是对老年大学工作的充分肯定。各级老年大学不仅要利用好自有媒体和本地主流媒体的对外宣传，更要积极推介，争取在更高层次的媒体平台上进行对外宣传，进一步扩大老年大学的影响力。如积极向各省、市乃至中央媒体平台，中国老年大学协会会刊《老年教育》，国家民政部主管的《中国老年报》，中组部老干部局指导的《老干部之家》网站等媒体平台推介和宣传，扩大老年教育的话语权，提高老年大学和老年教育的社会地位和社会影响力。

二、进一步强化对外宣传效果

老年大学对外宣传效果直接关系到老年大学的社会影响力和老年大学的发展。

（一）强化典型宣传，突出示范校引领作用

对外宣传的过程中要注意宣传老年大学工作中的先进人物和

典型事迹，充分宣传老年大学的办学成果和教学经验，突出典型人物和示范校的引领作用。老年大学示范校在老年大学的发展中发挥着引领作用。每个省、市、自治区老年大学都纷纷建立了在本地区有影响、有代表性的、不同层次的老年大学示范校，要进一步发掘老年大学示范校的典型意义，充分宣传它们办学中的好经验、好做法，带动区域内老年大学更好地发展，同时也让社会各界更加了解老年大学。

（二）增强宣传的针对性，提高宣传实效

对外宣传工作要增强针对性，因人而异、因地制宜地开展对外宣传，切实提高宣传的实效。应当充分调动老年大学内部各部门、各处室和各教学系的积极性，针对具体的宣传目标和方向，进行多角度、多形式、多渠道的宣传报道，并做好相应的定位把关、统筹协调工作。针对不同的宣传对象，采取不同的宣传方式，最大程度地扩大宣传范围，使宣传达到最好的效果。

（三）讲好中国故事，提升老年大学的世界影响力

老年大学的对外宣传，其目的是要向世界讲好中国老年大学的故事，让世界了解中国老年大学和老年教育事业发展的成就，并使其在世界产生广泛而深刻的影响。讲好中国老年大学的故事，就是要阐释好中国老年大学的中国特色，讲清楚中国老年大学的办学理念和办学思路，宣传中国老年大学的办学经验和突出优势，让世界各国人民充分了解中国老年大学的文化和精神。

第二节　老年大学的开放与交流

开放办学是老年大学蓬勃发展的不竭动力。老年大学的“开放”是指老年大学不断地与外部环境交换人才、物质、能量、信息，从而保持自身发展的活力。我国老年大学坚持“开放”的办学思想和办学方针，在信息、人才、资金、资源上与外部环境保持联系与交流，取得了良好的效果和丰富的经验。

一、老年大学国内开放的实践历程

我国老年大学国内开放大体上从 1988 年开始，经历了初始开放阶段、深化开放阶段和规范开放阶段三个大阶段，其发展历程如下。

（一）初始开放阶段（1988—2001 年）

1988 年 12 月，中国老年大学协会成立，开启了国内老年大学开放交流、协作发展的历程。中国老年大学协会充分发挥桥梁纽带和凝聚作用，广泛联系各地老年大学，组织全国各地老年大学开展协作与交流，通过开展校际间的经验交流、信息沟通以及学术、理论和教学研究等，有力地促进了各地老年大学在办学原则、培养目标、专业设置、课程安排、学校管理等一系列重大办学方向问题上统一思想，形成共识，有力地推动了我国老年教育事业健康良好地发展，促进了各地老年大学工作逐步呈现出党政主导、社会参与、各方支持的良好局面。

（二）深化开放阶段（2002—2016年）

2002年11月，党的十六大提出“形成全民学习、终身学习的学习型社会”的教育发展新方向，这使老年教育的重要地位彰显出来，各地老年大学得到了政府和社会的广泛重视和大力支持。景德镇老年大学杨启村校长启用并丰富了“开门办学”的理念，各地老年大学遵循“服务社会”的办学宗旨，满足老年学员展示自我、发挥潜能、融入社会、参与社会、服务社会等素质发展和回归社会的需要，为老年学员搭建了参与和服务社会的多种平台，形成了从上到下、由内到外、全方位、多层次的开放渠道和开放体系。

（三）规范开放阶段（2016年至今）

2016年国家颁布了《老年教育规划（2016—2020年）》，为老年教育做了全面而深入的顶层设计，对于发展老年教育具有重大意义。这一阶段的开放有三个特点。一是老年大学作为一个社会组织，既为社会尽职尽责又与社会共融共进、同步发展。各地老年大学以开办分校、联合办学、建立基地、成立社团、参与社会活动等多种形式进行“开门办学”的实践活动。二是开门办学与教学的“三个课堂”相结合。通常老年大学第一课堂是校内课堂教学，第二课堂多为校内多种形式的教学活动，而第三课堂则为老年学员走出校门的实践活动。各地老年大学充分利用第三课堂，围绕老年大学培养目标，多方为老年学员搭建融入社会、参与社会、服务社会的平台，满足老年学员参与、服务社会的愿望。三是开门办学与校园文化建设相结合。各地老年大学将学校文化建设融入当地政府、社会文化建设之中，传播正能量，展现了老年学员的风采，丰富了文化生活，扩大了社会影响。

二、老年大学国际开放的组织与渠道

我国老年大学从国内开放到国际开放，积极参与和利用国际组织进行开放交流，拓宽了老年大学国际开放的渠道，使其逐渐走向世界，取得了可喜的成果。

（一）积极参与和利用国际组织开放交流

1. 国际组织是老年大学开放交流的重要平台

世界各国老年大学蓬勃发展，老年大学的国际交流、互相促进已蔚然成风。目前，国际上活跃着多个老年大学国际组织，如国际老年大学协会、国际老年人协会联合会、世界终身教育委员会、欧洲老年学生联合会、多瑙河流域老年大学联盟、亨斯曼老年运动会等。这些国际组织在老年大学教学经验分享、老年教育课题研究、国际文化交流活动、国际老年游学组织等方面发挥着巨大作用。中国老年大学的蓬勃发展逐渐引起了国际社会的关注，中国老年教育模式也被很多国家老年大学借鉴。因此，不少国际组织已成为展示中国老年教育发展成果、展示中国老年人精神风貌、扩大中国老年教育在国际上的影响力的开放交流平台。

2. 老年大学参与和利用国际组织取得可喜成果

中国作为世界上老年人口和老年大学最多的国家，是世界老年教育发展的重要力量。近年来中国积极参与老年教育领域国际组织的活动并取得诸多积极成果，中国老年大学协会是国际老年大学协会的成员单位，并由其推举代表担任国际老年大学协会第一副主席；国际老年大学协会多次在中国召开理事会，国内老年大学代表也加入了国际老年大学协会理事会，还积极参加其他国际性活动并发表主题演讲，介绍中国老年教育发展状况。中国老龄协会是国际老年人协会联合会主要会员单位，参与国际老年人协会间的合作。2018—2019 年在中国烟台连续召开了两届世界老年旅游大会，联合国教科文组织、世界旅游组织、联合国贸易和发展会议等七大国际组织及 40 多个国家的代表参会，并有 9 个国家和地区的老年大学学员来中国游学。

（二）努力拓宽老年大学国际开放的渠道

1. 拓宽老年大学国际开放的渠道势在必行

中国老年大学走向世界、向国际开放是时代发展的需要，是历史发展的必然，符合老年大学的发展规律，也符合中国持续扩大对外开放的国家政策。随着各地老年大学蓬勃发展，教学理念、教学设施、教学队伍、游学活动不断推进，一方面中国需要不断吸收国际老年大学的发展经验，借鉴各个国家和地区老年大学的发展模式；另一方面中国也需要在更广阔的国际舞台上宣传中国老年大学的发展成就，展现中国老年人精神风貌，传播中国文化，在双向交流中了解别人，看清自己，建立文化自信。

2. 探索、拓宽老年大学国际开放渠道的方式和途径

拓宽老年大学国际开放渠道的方式和途径多种多样，归纳起来有五种：一是积极利用现有国际组织和平台，持续扩大在国际老年大学协会、国际老年大学协会联合会、世界终身教育委员会等国际组织中的话语权，让更多中国老年大学参与国际活动，展示中国老年大学的发展成就，如与国际组织联合进行课题研究、组建专门研究机构（如国际老年大学协会学术工作委员会）、联合组织跨国家的主题游学活动（如“一带一路”沿线国家游学）等，鼓励中国老年大学协会各委员会及机构（如教学委员会、学术委员会、游学部、国际教育研究中心等）和国际组织开展合作；二是充分利用与老年大学课程相关的专业艺术协会联络国外专业艺术协会，形成老年大学与国内外艺术协会的交流、碰撞，提高老年大学的专业教学水平；三是以中国老年教育组织为主体，积极申报或组建新的国际组织和平台，如山东申报组建了世界老年游学促进会，充分形成主场优势，扩大话语权；四是积极开展国际、校际文化交流，开展多层次、点对点、点对面的校际文化交流活动，组织校际互访、教学成果展示等活动，扩大国际开放；五是积极开展国际老年游学活动，利用这种老年教育的创新形式，一方面组织国内老年学员到国外游学，体验当地文化，另一方面组织国外老年学员到中国游学，体验中国文化，使之成为中国民间外交的重要形式。

3. 拓宽老年大学国际开放渠道并结出硕果

近年来，中国老年大学国际开放硕果累累。2018、2019 两届世界老年旅游大会在烟台召开，40 多个国家老年大学代表齐集一堂，其间举办了国际老年教育发展成果展、国际老年大学艺术展

演、国际老年大学校长联谊会等活动，中国一时成为世界老年大学的中心。目前在中国发起的世界老年游学促进会已组织发展会员 37 个，其中国际发起会员 16 个，已进入报批阶段。2019 年湖北省老年大学承办国际老年大学协会第 104 届理事会暨“一带一路与老年教育”国际研讨会；中国老年大学协会在上海老年大学设立国际老年教育研究中心并召开中外专家第一次工作会议；2019 年山东老年大学与世界终身教育委员会合作组织国际研讨会，世界终身教育委员会专家对中国老年大学的发展成就感到惊叹；山东老年大学与日本和歌山老年大学建立游学合作关系，定期组织团队互访等活动。老年大学国际开放硕果累累，百花齐放。

第三节　老年大学发展与区域资源共享

任何老年大学的发展，都是在一个区域环境中进行的，都需要与区域资源互相融通。因此，老年大学在发展中与区域的资源共享具有十分重要的意义。与此同时，老年大学也是区域资源的重要组成部分，对于区域社会的综合发展发挥着重要的作用。

一、老年大学发展的区域资源

（一）老年大学发展的区域资源内涵

老年大学是在一定的区域环境中存在和发展的，其发展的区域资源就成为研究老年大学与外部环境关系的重要内容。区域资源是指一定区域内所拥有的物质、社会、人文、精神方面的发展因素。而老年大学发展的区域资源就是指老年大学所在区域的物质、社会、人文、精神方面的发展因素。

我国各地、各级、各类老年大学的发展都离不开其发展的区域环境，老年大学是整个区域发展系统中的一个子系统，而区域发展中的其他要素或子系统则是老年大学发展的区域资源。研究和探索老年大学的发展，就要把老年大学和区域资源作为一个整体系统来研究，科学地认识和理解老年大学与区域资源的相互联系和相互作用。

（二）老年大学发展的区域资源种类

老年大学区域资源繁多，我们按不同的标准可以将其划分为不同的种类。

1. 人口资源与环境资源

老年大学主要是针对老年人学习设立的大学，区域内老年人的人数、年龄结构、文化素质、知识水平、职业专业等，都是老年大学发展必须考虑的因素。区域人口资源特别是老年人资源是老年大学发展的前提。老年大学的环境资源主要是指老年大学在本区域内所具有的政治、经济、人文、教育、生态等基本因素。老年大学仅仅是社会整体系统中的一个子系统，其生存和发展对环境资源存在依赖是不言而喻的。

2. 政府资源与社区资源

政府资源是党委和政府在政策、资金、人才等方面的支持因素，是老年大学发展不可或缺的重要条件。社区资源主要是老年大学所在社区对老年教育的重视和支持因素。其中企业资源也属社区资源部分。近年来，社区办老年大学、企业办老年大学在老年教育事业发展中也发挥着不可忽视的作用。

3. 人才资源与教育资源

老年大学的师资主要依赖于区域人才资源。同时，区域教育资源对老年大学的发展也起着重要作用。近年来，各地、各级、各类老年大学都在探索区域教育资源如何共享的问题，有些老年大学在利用区域教育资源办学方面成效显著，积累了很多好的经验。

二、老年大学与区域资源共享的有效途径

老年大学与区域资源共享，不仅是老年教育发展的需要，也是当地社会综合发展的需要。

（一）老年大学发展中对区域资源的开发与利用

1. 科学发挥人口资源和环境资源的优势

通过发掘本区域人口资源和环境资源的有利因素，有利于办好老年大学。人口资源方面，近年来我国各地区老年人口在总人口中的比重越来越大，这对于老年大学的发展既是机遇也是挑战。环境资源中的自然资源、社会资源、人文资源、政治资源等，都会对老年大学的发展产生影响，因此，发掘和利用环境资源中的有利因素，使其为老年大学的发展服务也是老年大学的任务。

2. 充分利用政府资源和社区资源

在利用政府资源方面，老年大学在创办伊始，就得到了各级地方党委和政府在政策、人才、资金等方面的帮助和扶持，老年

大学当前和今后的发展，仍然需要充分利用政府资源并需要其大力支持。比如，需要地方政府不断加大投入，继续在基础建设、机构建制、人员编制等方面给予政策倾斜等。同时，老年大学也要积极配合地方党委和政府的工作，保持良性互动的关系，为地方发展做出应有的贡献。

近年来，社区资源的优势愈发凸显出来。在国外，政府对老年大学的，投入很少，老年大学的发展主要依托社区。我们也需要借鉴国外依托社区办老年教育的经验。企业资源虽然也属于一种社区资源，但有其独特性。一些国有大型企业也主办或合办老年大学，有些民办养老企业也要求办老年大学，开展养教结合，而且取得了突出的效果。

3. 大力发掘人才资源和教育资源

老年大学要通过发掘和运用本区域的人才和教育资源，促进自身发展。例如，有些老年大学通过从本地区高校、科研院所聘用专业人才，解决师资短缺、科研力量不足的问题。

（二）利用老年大学资源，促进区域社会综合发展

老年大学既要充分开发和利用区域资源，同时，作为社会整体系统中的一个子系统，老年大学也是区域社会综合发展的重要资源。只有把老年大学融进社会系统，为区域社会综合发展服务，才能实现老年大学与区域资源的互惠共享。

1. 运用老年大学文化资源优势，繁荣社区文化建设

老年大学有丰富的文化资源，在融入社区精神文化创建、促进社区文化活动创新、服务社区文化阵地建设方面都发挥着重要作用。近年来，各级老年大学积极开展进社区活动，参与和引导

社区精神文化的创建，发挥老年大学学员的专业优势，为社区献上丰富多彩的文化节目，对社区文化建设起到了引领和推动作用。

2. 运用老年大学学习资源优势，参与学习型社区建设

老年教育是建设学习型社会的一项重要内容，要积极利用老年人有足够的可支配时间和强烈的学习意愿的特点，探索建立适合老年人的教育体系，打通终身教育的“最后一公里”，发挥和释放老年人的学习潜能，使其积极参与到学习型社会建设中去。

3. 运用老年大学的人力资源优势，促进经济社会建设

老年大学引导老年人掌握新技术和新知识，更好地购物出行、娱乐健身、乘坐交通工具等，享受智慧生活。同时，利用政府搭建的各类平台，让老年人发挥余热，融入社会，释放老年人口红利，进一步促进经济社会健康发展，达到健康老龄化、积极老龄化的效果。

4. 运用老年大学养老资源优势，促进文化教育养老事业发展

老年大学积极开展健康养老、文化养老、智慧养老教育，开展丰富多彩的文化养老、教育养老活动，活跃老年人的退休生活，让老年人拥有有尊严的、高质量的幸福晚年生活。

第十一章
国际老年教育发展概况

第一节　国外老年教育发展现状

20 世纪 80 年代以来，随着终身教育理念在全球的广泛传播，国际老年教育事业快速发展，世界各地的老年大学或第三年龄大学蓬勃发展。在办学和教育过程中，各种老年教育尽管形态各异，形式多样，但也积累了一些具有共性的基本经验。

一、联合国和国际组织对老年教育的关注与推动

联合国组织很早就开始关注世界人口老龄化问题。1948 年，联合国大会在通过一项关于老年人权利宣言草案的第 213（III）号决议时，关于年长的人或年老人或老年人在社会上的地位这一主题在各个不同的场合上附带地得到联合国大会和联合国特别负责社会问题的机构的注意。1969 年，联合国大会在其通过的《社会进步及发展宣言》（1969 年 12 月 11 日第 2542（XXIV）号决议）中，提及保护年老人的权利和保证年老人福利的需要。1973

年，联合国大会通过了题为“年长与老年人问题”的第 3137（XXVIII）号决议。1974 年，在由世界人口会议通过的《世界人口行动计划》中载有一项条款，吁请各国政府于其发展政策中充分注意人口中老年人人数及其所占比率的变化所引起的问题。之后，联合国通过各种途径和活动高度关注和积极推进老年事业的发展。

（一）1982 年的第一次老龄问题世界大会以及《老龄问题国际行动计划》

1982 年，联合国在维也纳举行第一次老龄问题世界大会，会议上通过《老龄问题国际行动计划》。该计划把老年人视为独特的、活跃的人口组别，这一人口组别具有多种能力，有时具有特殊的医疗保健需求。

《老龄问题国际行动计划》指出：“年老只是每个人的生命期、事业和经验的自然延续，而他的需要、能力和潜力在整个生命期间都一直存在。”这就明确了老年教育实施必要性和可能性。联合国组织在该计划中还专门为老年人的教育和培训工作提出了行动建议，认为“需要采取一种双重办法：实行一项国际培训方案，同时还要有专门针对有关国家和地区具体情况的区域培训方案。在制订教育和培训政策及方案时，应当考虑到年长者的各种需要以及人口老龄化对发展造成的影响，还应照顾到所有年龄段的人，特别是年轻一代的需要”。

（二）1991 年联合国制订的《联合国老年人原则》

联合国大会于 1991 年 12 月 16 日通过《联合国老年人原则》

（第46/91号决议）。其五大原则是：独立、参与、照顾、自我充实和尊严。其中，在独立原则中明确规定老年人“应能参加适当的教育和培训”，在自我充实原则中提出“应能享受社会的教育、文化、精神和文娱资源”。在其他部分虽然没有明确规定老年教育的原则，但是都与老年教育有密切的关系。例如，在参与原则中提出“老年人应始终融合于社会”；在照顾原则中提出“老年人应享有保健服务”；在自我充实原则中提出“老年人应有能追寻充分发挥自己潜力的机会”；在尊严原则中强调老年人要有尊严地生活等。这些具体要求，都是老年教育应遵循的基本原则，也是老年教育应有的内容。

（三）1992年的老年问题国际会议《老龄问题宣言》

1992年10月，联合国在《老龄问题国际行动计划》通过十周年之际，召开了老龄问题国际会议，会议上通过了《老龄问题宣言》。该宣言要求各国政府和非政府组织等“确保老年人的需求及其人力资源潜力能得到充分照顾和发挥”。

会议还决定将1999年确立为国际老人年。国际老人年庆祝活动的概念框架要求研究四个方面的问题：老年人的处境；终身的个人发展；代与代之间的关系；发展与人口老龄化之间的关系。这些问题均与老年教育存在着内在的联系。

（四）2002年的第二次老龄问题世界大会以及《2002年老龄问题国际行动计划》

2002年4月8日至12日，联合国在西班牙首都马德里召开第二次老龄问题世界大会，旨在制订一个2002年国际老龄问题行动计划，应对21世纪人口老龄化的挑战和机遇，促进不分年龄人人共享的社会发展。会议通过了《2002年老龄问题国际行动计划》。

《2002年老龄问题国际行动计划》就老年人的教育和培训制定了具体的目标行动策略。该计划提出的第一个教育和培训目标是：在成人教育、培训和进修以及职业指导和职业介绍方面终生机会平等。第二个目标是：充分利用各年龄层次人们的潜力和专门知识，承认与年龄俱增的经验的益处。为此还制订了具体的行动策略，包括：1. 在教育方面充分利用老年人潜力和专门知识的措施；2. 鼓励利用老年人的社会文化和教育知识与潜力等。马德里会议，为全球应对人口老龄化问题提供了新的理念、方向和行为策略，也为在全球范围内推进老年教育提供了巨大的保障，对于各个国家和地方政府制定和推行老龄战略和老年教育政策有极大的引领和示范作用。

二、国际社会对老年教育形成的基本共识与经验

（一）以构建终身教育体系为教育定位

在终身教育理念的广泛传播与影响下，国际社会对老年教育的定位达成了共识，那就是："老年教育是终身教育的重要组成部分，没有成功的老年教育，就谈不上构建终身教育体系。老年教育又有其自身特点，是多层级教育，经发展可使其成为独立于终身教育体系的一个学科。"老年教育的这一定位，体现在各国制定的相关教育政策之中。如美国的《美国老人法》，日本的《终身学习振兴法》等。

（二）运用科学理论指导老年教育的发展

与当代老年教育发展相关的理论观点，是老年教育发展的根本指导。当代国际老年教育在发展过程中，先后汲取了权利理论、自我完善理论、社会参与理论、积极老龄化理论、毕生发展理论等重要理论的合理内涵和价值导向，保证了老年教育实践的正确方向和科学策略。正是因为看到了科学理论在老年教育中的重要指导作用，所以国际社会越来越重视对老年教育理论的不断丰富和创新。例如，国际老年大学协会自 1978 年成立以来，始终把老年教育研究作为自己的使命之一，每年都举行两次主题明确的国际研讨会。国际社会特别重视与老年教育相关的实证研究。这些实证研究很有针对性，有效地促进了老年教育实践的发展。

（三）具备比较完善的法律政策保障

世界各国老年教育的发展，都离不开政府的重视与支持，从资金、硬件设施、法律政策等全方位的保障，使各国老年教育的发展从根本上得到推动。各国政府颁布的法律政策既保障了老年教育的发展，又指明了老年教育的发展方向。

美国十分重视立法工作，其是世界上成人教育方面立法最完备的国家之一，专门为老年人设置的法律政策也很多，例如《老年人权益保障法》《美国老年人法》《美国老年人福利法》《老年人教育法》等。日本也颁布了很多政策法案推进老年教育，例如 1963 年的《老年人福祉法》，1990 年的《终身学习振兴法案》与《关于整备振兴终身学习推进机制的法律》等。

世界各国的老年教育是在相关的法律政策不断完善之下得到

保障和发展的，各国政府制定、颁布了较为完备的法律政策，体现出其对老年教育的认识以及在教育发展中对老年教育的定位。

（四）将现代信息技术融入老年教育

当今社会已进入信息化和网络化时代。在国际老年教育发展过程中，能及时将现代化信息技术与通信科技运用于老年大学和其他老年教育机构之中，改革和创新老年教育形态，扩大和满足老年人的学习机会和需求，有效地促进了老年大学教育的信息化和现代化。例如，英国于 1969 年首创开放大学，为老年人提供了更为广泛的高等教育机会。在组织形式方面，一是采用远程教学方式；二是另设地区学习中心，进行录像、重播及分发教材的工作。开放大学已成为现代远程教育的成功典范，使不同居住区域及文化层次的老年人的学习需求得到满足。再如，澳大利亚于 1998 年创设了世界上第一所第三年龄网络大学，并为第三年龄大学提供免费的教育资源以及为行动不便的老年人提供在线课程。第三年龄网络大学运用信息技术，为老年学习者提供在线学习机会与教育资源，并提供良好平台供各国或各地区的第三年龄大学互相沟通与资源共享。

（五）促进老年教育的国际合作及资源共享

在全球老龄化日趋严峻的环境下，各国老年大学加强教育理论与成功经验的交流与合作，促进各国老年教育资源的整合及共享，是推动各国老年大学协同发展、稳步前进的有效策略，能够凝聚智慧与力量共同面对老龄化社会的挑战。为了实现各国老年大学的合作与资源共享，国际教育组织蓬勃兴起与发展，国际比较教育不断加强，国际教育交流与合作也逐渐增加，各国老年大学的国际性愈发明显。

例如，创建于1975年的国际第三年龄大学协会就是一个由世界各国老年大学和学术机构组成的团体性非政府组织，致力于提升学习、研究和为所有第三年龄者服务，目前已成为大型国际学术团体。国际第三年龄大学协会定期召开的学术会议，是各国第三年龄大学或老年大学代表以及老年教育工作者共同交流、研讨的盛会，会议期间与会单位及代表相互学习老年教育经验，推动各国老年大学教育实现现代化。

第二节　中外老年教育比较

一、办学模式的比较

（一）国际承认的老年教育三种模式

2018年6月，在巴塞罗那会议上，国际老年大学协会正式将法国模式、英国模式和中国模式列为国际老年教育三大模式。

1. 法国模式

法国模式有两个鲜明的特点：一是依托普通高等学校举办老年大学，即在普通高等学校内举办；二是政府主导老年大学的发展。

起源于法国的第三年龄大学，其中的“大学”一词意味着必须与一所高等教育机构相关联。老年大学与高等教育机构之间是否有联系，成为能否加入法国老年大学联盟的一个重要标准。换言之，要成为法国老年大学协会的成员，该老年大学须是一所高等教育机构中的某个部门或其附属的某个机构，它们与普通大学在行政、财务和人员等资源上实行共享。依托普通高校举办老年教育，也决定了法国老年大学的教育属性和学术地位，使老年大学学习、研究氛围更加浓厚，能适应社会信息和新技术的不断演进、冲击，适应老年学生不断提升的高端需求。

法国的老年教育，是政府投资型老年教育模式的典范。从办学理念、制度与经费保障机制及管理体制到教学设计、课程开发及教师专业发展等方面均呈现出一种自上而下的办学形式。所以其老年大学主要由政府主导开办，经费纳入政府财政预算等。老年教育的法国模式在国际老年教育界具有普遍意义，全球许多国家老年大学采用法国模式。

2. 英国模式

英国模式也具有鲜明的特点：一是办学和管理的“自助式”；二是办学主体的多样化。

英国“自助式”的老年学校办学模式又称“自下而上”或“自治自助型”模式，它突出表现为一种自下而上的办学形式，即老年大学通常采用学员自助式的学习形态，由老年人自发成立、自行组织和自助分享，学员通过参与学校行政管理，自主开发课程，并承担相应教学任务，将“教与学”融为一体，实现学员自主化和人性化管理。此外，经费不再依赖政府资助，而是向学员收取会费、向非营利基金会申请资助或向社会各界人士筹集捐款等，经费来源多元化。

英国老年教育机构的办学主体有政府、高等学校和民间自助团体等。英国政府于20世纪80年代后期才积极介入老年教育，1987年，英国教育及科学部拨付经费给“成人继续教育发展单位”，要求为老年人提供教育，并制订《老人教育工作手册》。政府还成立跨部门国际交流组织，旨在加强国与国、政府与民间自助团体之间的合作，促进老年教育发展。如“盎格鲁—法兰西交流会”，由英国和法国组成。高等学校提供的老年教育主要有三种形式。一是第三年龄大学。英国借鉴法国的做法，于1982年首先在剑桥大学创办第三年龄大学。英国的第三年龄大学由老年人自行经营、授课，采用学员自助式的学习形态。二是大学推广教育。英国将全国划为几个责任区，每个责任区都由一所大学的推广部门负责。三是开放大学。1969年，英国成立了著名的开放大学（又称公开大学、空中大学）。由于远程教学范围广，播放量大，投资回报率高，学生就读开放大学的学费相对较低。这些方面充分考虑到了老年人的特点，满足了老年学生的需求。民间团体自主举办的老年教育有：退休行动中心、劳工教育协会、基督教老化委员会等。

1982年剑桥老年大学成立时，彼得·莱斯里克撰写了《老年大学的目标和指导原则》，其中规定在英国成立老年大学有三个前提条件：一是必须对所有老年人开放；二是在广泛意义上必须体现教育性；三是必须以民主方式运营。这三个规定，至今还被所有英国老年大学所遵循。这也就决定了英国老年大学的教育地位、学术承认标准与法国无异。

3. 中国模式

中国模式的基本内涵是“党政办学”。中国老年大学的办学形式有多种，有党政办学、学校办学、企业办学、社团办学、民间办学等，其中80%以上的老年大学由执政党和政府主办。这些学校普遍遵循“省—市—县”的层级分布方式，校长大多由退休的党政领导担任，管理人员由专职和兼职人员组成，经费主要由政府保障，学生来源面向全社会，专业设置和课程门类齐全，可以满足老年人多层次、多样化的个性需求。这种党政主导的办学模式，传承了“有教无类”的教育思想，弘扬了尊老敬老的传统美德，遵循了以人为本的办学理念，体现了终身教育和人的全面发展的要求，具有鲜明的时代特征和中国特色。

老年教育的中国模式正对世界老年教育界产生巨大的影响，许多国家开始采用政府各种涉老部门直接办学的做法。保加利亚、乌克兰等国家也纷纷由政府部门直接办起老年大学。国际老年大学协会认为，各国政府直接办老年大学，已成为全球一股浪潮。

（二）三种办学模式的比较

老年教育的法国模式、英国模式和中国模式是当前国际老年教育三种得到普遍认可的模式，它们之间各有特点，为老年教育的发展提供了不同的参考。

在办学主体方面，法国模式和中国模式都强调政府在老年教育发展中的主导地位和作用，政府是最主要的办学主体，而英国模式则更加重视老年人在老年教育中的主体地位和作用，政府只是办学主体之一。

在办学经费方面，法国和中国的老年教育经费大多由政府承担，而英国老年教育的经费大多是由老年学生自己承担，有的由社会团体和机构赞助。

在办学性质方面，法国和英国的老年教育具有更加突出的教育性和学术性，英国的老年教育还更具开放性；中国的老年教育最早体现的是休闲性，之后发展为教育性，学术性方面则仍然需要进一步努力。

在办学形式方面，法国的老年教育机构主要是依托普通高等学校举办，而这种形式在英国则只是老年教育的办学形式之一，英国办学形式具有多样化的特点；中国在这方面由于政府是最主要的办学主体，所以其办学形式多是在政府机构中附设专门的老年（老干部）大学，近年来，社区老年学校也蓬勃发展，办学形式也日益走向开放。

二、课程设置的比较

（一）课程内容的比较

国外老年大学的课程在内容设置上因为各个国家的文化传统、办学性质等的不同而各有特色。如德国有较为深厚的文化传统，其老年教育也十分强调学术性，所以其课程设置更多地强调学术水准。德国老年大学的课程可分为两类，一类来自大学的正规课程，另一类是由五方面内容构成的“长者学习”系列课程，具体包括：1. 向老年学员开放的高校正规课程；2. 为老年学员开设的有针对性的课程或讲座，比如与之相关的老年学、老年社会学、老年心理学、老年医学；3. 以服务社会为目的的系统的实用课程；4. 以陶冶情操为目的的系统性课程；5. 为愿意在某一学科深造的老年学员开设的、从高校正规课程中摘取出部分而重新组织的系统性课程。

但是，国外老年大学的课程，也有共性的地方，即围绕老年人的需求和实际情况开设课程，以达到充实老年人生活、保证老年人继续发展的目的。所以，各国老年教育课程体系中都设置体育、健身、艺术、技能、活动类课程。

中国老年教育的课程也有自己的特色，如绝大多数老年大学的课程体系中都设有具有中国文化特色的体育、养生、保健、艺术类课程。同时，课程体系中也有与国外老年教育课程相同的课程，如计算机应用、外语等。但是，相比较而言，我国老年教育课程中体音美等艺术类课程比例偏大，而一般文化科学知识方面的课程比例偏小；活动课程偏多，而理论课程较少；体现中国文化传统方面的课程多，而反映西方文化方面的课程少。

（二）课程层次的比较

世界各国老年教育的课程一般都会分层设置。课程内容层次包括必修课、选修课、学术研究课，以及校外活动课。水平层次包括普通班、提高班与研究班等。如日本市民学院第一、二学年主要开设教学课程，称作“约会课程”，第三、四学年学习专门课程，包括温暖福利课、乡上史课、趣味信息课以及舒适健康课 4 个科目。近年来，随着老年学生综合素质的提高，国外老年大学越来越注重开设研究性课程，其内容包括国内外时政与经济、与老年人生活相关的社会问题等。

中国老年大学在近 40 年的办学过程中，不断研究教育教学问题，在老年大学课程层次方面提出了许多见解。如老年大学针对老年大学学员多样性、多层次性的学习需要，设置由浅入深（初级基础，提高、研修等）的多层次课程；也根据各学科知识层次之间相对的“多层次”设置课程，如“下里巴人”类的知识技能

（如舞蹈初步、汉语拼音）和“阳春白雪”类的知识技能（如《史记》研究、钢琴伴唱），前者对应的是基础的、大众化的课程，后者大多属高层次课程，以满足老年学员中高层次学习需要。

（三）课程形式的比较

世界各国老年教育课程形式各不相同，呈现出多样化的特点，既有正规大学教授的课程，也有自助学习；既有时间较长的系统学习课程，也有短时间的专题讲座；既有集中学习的课程，也有渗透在日常生活中的课程。如日本的老年教育课程包括文化课、实习课、集体活动课等。再如美国印第安纳州州立大学的迷你大学具有 40 多年办学历史，每年举办一次为期一周的夏季寄宿学习体验活动，学校提供了近 100 门无学分的课程和 15 项晚间可选活动，如野炊、郊游和电影等，学员可以根据需要和兴趣加以选择。

中国老年教育课程在形式上也具有多样性，体现在中国老年大学极富特色的“三个课堂”教学上。“第一课堂”的课程主要是学科课程；“第二课堂”的课程主要是学科课程之外，由老年学员自愿参加、自主管理的活动课程，如各类讲座、小组学习、参观考察、文体活动等；“第三课堂”的课程则主要是由学校或老年学员自己组织的，以学以致用、融入社区、服务社会为目的的社会志愿者活动或社会实践活动。

总的来说，国内外老年教育均具有形式多样、内容丰富的课程设置，课程形式也具有多样化和个性化特征。各方应该互相借鉴，取长补短，形成符合本国特色的、能满足老年学员多元化学习需求的课程内容和课程形式。

第十二章
新时代老年大学的发展方向

第一节　新时代老年大学的价值取向和培育目标

一、新时代老年大学价值的新内涵

中国特色社会主义进入了新时代，赋予了当代老年大学价值观念新的内涵。新时代老年大学的校长要把握新时代老年大学价值观念的新内涵，强化责任担当，用心、用情、用力办好老年人和社会满意的老年大学。

（一）办人民满意的老年教育

1. 老年人受教育的权利得到充分保障

老年教育是教育事业、老干部事业和老龄事业的重要组成部分，也是“建设服务全民终身学习的教育体系”“学习型社会建设”的重要支撑。新时代老年教育要在尊重我国《宪法》《教育法》《老年人权益保障法》等法律对老年人受教育权利的规定的基础上，大力发展老年教育事业，使老年人受教育的权利得到更加充分的保障。将更加尊重老年学员在老年教育中的主体地位，保持老年人在求生存、求发展及与自然和社会互动中的自主性、主动性和创造性。

2. 老年人受教育的需求得到充分满足

在新时代，老年人的生存问题得到充分保障，物质生活水平不断提高，因此，精神文化需求将空前高涨，教育需求也会愈发迫切。各级政府和社会各界，将更加重视发展老年教育，以使老年人受教育的需求得到充分满足。此外，坚持党委领导、政府主导、社会参与、全民行动相结合，重点提升农村、社区基层老年教育普及水平，推进城乡老年教育均衡发展。在老年教育中要更加体现教育公平性，让所有老年人都能老有所教、老有所学、老有所为、老有所乐，使之成为新时代中国的生动实践。

3. 老年教育的教学水平得到充分提高

满足老年人对高品质教育教学的需求，是新时代老年教育的发展目标。新时代老年大学将不断提升教育教学水平和服务质量，创新教学形式，突出办学特色，打造精品课程；要达到教育教学的高品质、高水平，就要打造思想政治过硬、业务能力过硬、责任担当过硬、廉洁自律的高素质专业化管理队伍；打造有理想信念、有道德情操、有扎实学识、有仁爱之心的专兼职教师队伍。

（二）办符合新时代要求的老年大学

1. 服务党和国家的中心工作是老年大学职责所在

新时代老年大学的办学目的仍然是由个体目的和社会目的两方面组成。首先是实现个体目的，即满足老年学员学习需求，培养新时代的老年人；同时，社会目的的实现也是非常重要的，即为党治国理政服务，为人民服务，为巩固和发展中国特色社会主义制度服务，为社会主义现代化建设服务。要实现社会目的，老年大学就必须服务于党和国家的中心工作。

2. 新发展理念是推动老年大学现代化发展的动力

新发展理念就是创新、协调、绿色、开放、共享的发展理念，创新发展注重的是解决发展动力的问题；协调发展注重的是解决发展不平衡的问题；绿色发展注重的是解决人与自然和谐的问题；开放发展注重的是解决发展内外联动的问题；共享发展注重的是解决社会公平正义的问题。新时代老年大学必将朝着老年教育现代化方向发展，而新发展理念就是新时代老年大学的发展动力。

3. 积极服务和谐社会建设是老年大学义不容辞的责任

和谐社会中最基本的方面是人、社会、自然及其相互之间的关系。三者之间的和谐状态是人类文明进步的尺度。新时代老年大学将成为和谐社会建设的部分，改革创新课程与教学、积极参与社会实践、服务和谐社会建设是老年大学长期的责任和义务。老年大学可以通过组建志愿者队伍，参加环境卫生监督、学雷锋等社会公益活动，教育老年人防范金融、保健品等各种诈骗，预防邪教等，促进家庭幸福和社会和谐。

二、新时代老年大学的培养目标

习近平总书记强调，“要积极看待老龄社会，积极看待老年人和老年生活，老年是人的生命的重要阶段，是仍然可以有作为、有进步、有快乐的重要人生阶段”。据此，培养有作为、有进步、有快乐的新时代“三有”老人是新时代老年大学的培养目标。

（一）培养有作为的新时代老人

老年大学是“有作为”的社会老人的培训地和输出地。“有作为”的老年人一定是保持老骥伏枥、老当益壮的健康心态和进取精神的老年人。老年大学要为老年学员传递“学有所成，服务人民，回报社会”的价值追求，为老年学员搭建各种平台，采取各种形式，创造各种条件，发挥老年教育在引导和鼓励老年人社会参与方面的积极作用，培养有作为的新型老人。实现“培养一个学员，带动一个家庭，辐射一片社区，影响整个社会”的良好局面。

（二）培养有进步的新时代老人

当今时代，知识日新月异，5G技术、大数据、人工智能、物联网等各种新技术、新理念对人口快速老龄化形成巨大冲击，老年人生活于这个时代，必须不断学习、不断进步才能不被时代所抛弃。所以，老年人再学习既是社会的需要，也是自身的需要。老年大学要不断变革教育的结构、内容和方式，向老年人传递新理念，传授新技能，让老年人掌握新本领，取得新进步，让他们做能跟上时代前进步伐的新时代智慧老人。老年大学更要充分重视老年人的身心发展规律和特点，摒弃功利性思想，引导老年人正视自己的学习效果，树立“点滴进步，即有所获”的思想，循序渐进地开展教学活动。

（三）培养快乐的新时代老人

新时代的老年大学要担负起找寻生命尊严的教育使命，引导老年人重塑自我价值，培养感知快乐、享受幸福生活的能力。因此，老年大学的培养目标之一，将是尊重老年人兴趣爱好，领会老年人心理特点，引导老年人在力所能及的奉献中实现精神生命的价值，从而唤醒老年人的快乐体验，提升老年生活幸福指数，培养新时代的快乐老人。

第二节　新时代老年大学的变革方向

一、实现老年教育信息化

《中国教育现代化 2035》强调，“加快信息化时代教育变革。建设智能化校园，统筹建设一体化、智能化教学、管理与服务平台。大力推进教育信息化。着力构建基于信息技术的新型教育教学模式、教育服务供给方式以及教育治理新模式”。新时代老年大学要实现以信息化带动教育现代化，积极构建“互联网＋老年教育”的服务平台。推动“宽带网络校校通、优质资源班班通、网络学习人人通”，建设学习资源和学习管理“公共服务平台”，为教育信息化提供坚实支撑。

（一）信息化建设开启老年大学管理新模式

一方面是通过互联网＋招生（学员）管理电子化，将学员信息存入数据云，云端平台自动统计出勤情况，作为进入提高班或者毕、结业的依据，还可自主打印毕、结业证书。另一方面是教师管理电子化。建立教师考勤系统、教师薪酬统发系统、教师网络应聘系统等，建立教师资源数据库，自动筛选面试对象。

（二）信息化建设拓展老年大学课程新境界

实现远程教育互联网化，大力发展“互联网＋老年教育”，这是老年教育发展的大趋势，要借助信息技术等先进科技，大力发展网络教育，使愿意学习的老年人都能够上学。提供优质课程资源，引导和发动学员推广手机端，根据课程组建专门微信群，并对评论进行管理。通过网上冲浪课程设置，设置摄影技术和影片制作课程、中老年电脑与智能手机班，通过开设 APP 课程打造没有围墙的老年大学。

（三）信息化建设拓展老年大学校外新天地

从远程教育、资讯、社交、权益、娱乐等多个方面，打造老年大学“今日头条”、老年大学“得到”、老年大学“抖音”、老年大学“微信”等，进行校园信息化建设。通过学校网站、宣传栏、展厅等媒介展示研修作品、校外体验和志愿服务活动，鼓励老年学员走出校门，融入社会，发挥余热。

二、“健康中国”战略下的老年大学：健康校园建设

习近平总书记在党的十九大报告中强调实施健康中国战略，“没有全民健康，就没有全面小康”。《积极老龄化——政策框架》中定义的“健康”是指慢性病和功能衰退的两个危机因素——环境和行为的影响都保持在较低的水平上，人们的寿命和生命质量均得到提升。

（一）坚持政治立校，确保老年学员的思想健康

老年人是党和国家的宝贵财富，要确保他们信念坚定，做政治上的明白人。老年大学要以“党建三分钟”“微党课”等创新形式，对老年学员开展思想健康教育，使老年学员立场坚定，思想常新，心明眼亮，坚定“四个自信”。

（二）不断加强学习，确保老年学员的身心健康

老年人对于健康长寿的追求使得许多与养生有关的专业成为老年大学的热门专业，如中医、太极拳、国画、书法、民歌、民族舞、古筝、葫芦丝等，这些课程对老年学员在修养身心、陶冶情操方面发挥着重要作用，也是老年大学课程设置的一大特色。此外，还要积极组织游学，读万卷书，行万里路。组织老年人走出去，置身山水之间，观赏自然美景，领略人文历史，接受红色文化的熏陶，感受祖国和世界的发展变化。总之，老年大学要进一步在提升老年人生活品质、促进老年人身心健康上下功夫。

（三）实践积极老龄观，确保健康战略落到实处

老年大学要进一步实践积极老龄观。一是开展积极老龄观教育。把养老变成“享”老，老年人要有追求、梦想和规划，躯体可以老，精神不能老，有强大的精神力量支撑，不求寿而得寿，不知老之将至。二是进行独立自强观教育。引导广大老年人增强自尊、自立、自强的自爱意识，养成科学良好的饮食、运动、休息等生活习惯。三是注重积极预防观教育，增强老年人功能衰退和失能失智预防理念，通过综合评估和干预，防止跌倒，通过早期筛查，对前期高风险患病学员进行积极干预，牢固树立和实践积极预防观念。四是重视家庭建设，引导老年人自觉承担家庭责任，树立良好家风，实现家庭和睦，代际和顺。

三、风险防控与危机应对下的老年大学：平安校园建设

老年大学是党和政府联系老年人的桥梁和纽带，人身安全是保障，政治安全是底线。要强化安全意识，完善安全措施，深入推进平安校园建设。通过加强宣传教育，提高安全防范意识。完善制度机制，落实安全管理职责。强化安防措施，打造安全保障体系，确保老年大学“双安全”。

（一）严守政治纪律和政治规矩，净化政治生态

在互联网和自媒体时代，各种信息来源五花八门，观念认识良莠不齐，并且有传播速度快、范围广的特点，人们的思想政治

意识受到极大挑战。老年大学要加强严守政治纪律和政治规矩教育，牢牢坚持党的思想阵地建设不动摇。通过“时政讲坛”权威解读时政热点，业余党校加强政治教育，时政班带动时政学习热潮，临时党支部搭建学习活动新平台，持续学习宪法、老年人权益保障法等法律知识和习近平新时代中国特色社会主义思想等政治理论，确保与党和国家同频共振。

（二）提高治理体系和治理能力，实现规范化治理

治理体系上，首要的工作是确定内部治理机构的职能、岗位职责。老年大学首先要明确现代治理的基本内容，要明确办公室和教务处两个主要内部办事机构的职能和岗位职责，明确师资条件与标准、学员管理守则和办法，制定学委会、艺术团等管理规则和章程，明确网站和校刊编辑部、理论研究室、图书室等的工作职责，修订完善课程标准、招生流程等。根本的工作是建立现代治理制度，解决老年大学可持续发展问题，以民主和法治为基本原则，建立透明、公开的信息披露制度，制定章程，明确老年大学治理结构与运行规范。要不断与时俱进，进一步理顺管理机制，修订完善规章制度。不断优化政治教学环境和秩序，完善管理和后勤保障机构，细化相关职责和分工，推进教学管理规范化，增强招生制度、学科设置以及课程安排的科学性。

（三）加大安全设施设备投入，确保校园安全

老年大学要确保校园安全，一是要统一思想认识，把安全工作放在首位。尽量确保校园相对独立，建筑设施首先考虑安全，校园环境友情提醒安全，学校管理处处体现安全，教育教学全程

突出安全。二是要健全组织制度，坚持校园安全责任制。抓好安全责任落实，完善制度以确保校园安全，防治结合提升安全质量，严格问责制，强化校园安全。三是加强学习演练，增强学员自我防护本领。形式多样强化安全意识，亲身体验增强安全责任，参与督查提高安全质量。四是加强人防和机防相统一，构建内外联动的防控机制。完善岗位设置，加强人员培训，形成扎实有效的安全保护和防控制度。五是完善各项预防应对机制，确保安全举措全覆盖。完善急救、地震、火灾、疫情等各方面的应急预案，通过情景模拟，提高实战演练能力。

四、创建并实施老年大学标准化建设

标准化建设为新时代老年大学的发展建设指明了方向。在国家标准化的要求下，在行业标准和地区标准的指导下，推动老年大学自身规范化、示范化建设，以确保让老年人满意，让党和政府放心。

（一）国家的教育标准化

《教育部关于完善教育标准化工作的指导意见》（教政法〔2018〕17 号）明确，“进入新时代，我国教育事业步入高质量发展阶段，教育标准的重要性愈益凸显。加快教育现代化、建设教育强国、办好人民满意的教育，引导我国教育总体水平逐步进入世界前列，必须增强标准意识和标准观念，形成按标准办事的习惯，提升运用标准的能力和水平，形成可观察、可量化、可比较、可评估的工作机制，充分发挥标准的支撑和引领作用”。

（二）积极探索推进老年大学的标准化建设

《老年教育发展规划（2016—2020年）》（国办发〔2016〕74号）明确了老年大学建设的指导思想、基本原则、主要目标、主要任务、重点推进计划和保障措施，从国家层面上为老年大学标准化建设提供了指导依据和建设框架。《全国示范老年大学指导性评估标准》的出台，标志着从行业领域上老年大学向标准化建设迈出了坚实步伐，并为工作的推进打下了坚实基础。2010年上海市就开展了创建示范性老年大学评估工作，并出台《上海市老年学校建设标准指导意见》。2017年以来，全国各省、自治区、直辖市均出台了落实《老年教育发展规划（2016—2020年）》的实施意见，对于本地老年大学标准化建设具有重要指导意义。2019年3月，中国老年大学协会获批制定团体标准的资格，并开始探索老年大学标准化建设。新时代，老年大学将结合自身条件和发展目标，按照办人民满意的老年教育的目标，制定既符合教育要求，又能满足发展需要的标准，在实践中不断探索，同时为制定地区标准、国家标准贡献实践经验。

第十三章 老年大学校长的政治素质与职业道德

第一节 老年大学校长的政治素质

一、政治素质的概念与作用

政治素质是社会的政治理想、政治信念、政治态度和政治立场在人的心理中形成并通过言行表现出来的内在品质，是人的综合素质的核心。

老年大学校长的政治素质关系到老年大学管理活动中的政治立场、政治态度和政治品质，从根本上决定了学校管理的性质和方向，决定学校站在什么立场、为什么目标、怎样行使管理权的根本性问题。所以，老年大学校长的政治素质不仅影响其个体的决策，还将影响整所老年大学的发展方向和前景。

二、老年大学校长应有的政治素质

（一）马克思主义理论修养

马克思主义理论修养是领导干部的精神追求之舵、修为进步之基，对加强政治修养、道德修养、知识修养、作风修养起着强基固本的作用。老年大学校长只有研读马克思主义经典，悟马克思主义原理，才能进一步提高思想政治水平，坚定政治立场，坚定理想信念，在事关政治原则的重大问题上，脑子特别清醒，眼睛特别明亮，立场特别坚定，能够始终保持政治定力、驾驭政治局面、防范政治风险，始终与以习近平同志为核心的党中央保持高度一致。

一名合格的老年大学校长，必须具有扎实的马克思主义理论功底和坚定的共产主义理想信念，思想解放，实事求是，理论联系实际，开拓进取，用马克思主义的立场、观点、方法观察、分析、解决老年大学办学和发展过程中不断出现的矛盾和问题。

习近平新时代中国特色社会主义思想，是马克思主义中国化最新成果，是党和人民实践经验和集体智慧的结晶，是中国特色社会主义理论体系的重要组成部分，是全党全国人民为实现中华民族伟大复兴而奋斗的行动指南，必须长期坚持并不断发展。

这一思想是老年大学校长提升理论素养、增长工作本领的思想宝库，是改造主观世界和客观世界的锐利武器。学深悟透这一思想，掌握蕴含其中的坚定信仰信念、鲜明人民立场、强烈历史担当、求真务实作风、勇于创新精神和科学思想方法，将会极大地帮助老年大学校长提升思想觉悟和理论水平，保持政治定力，把准政治方向，增强干事创业的专业化能力。

（二）政策修养

政策修养的水平，在很大程度上决定着老年大学校长理性思维的层次、政治能力的高低以及其发展潜力和后劲。政策修养的提升有赖于学习能力的增长，通过全面系统的学习，深刻理解和领会政策的核心要义、丰富内涵和实践要求，结合新时代新实践，提高自身对共产党执政规律、社会主义建设规律、老年教育发展规律等的认知，运用和执行好政策，才能在老年大学中心工作中把握大局大势，在教育教学中践行为民服务的宗旨。

（三）服务老年教育事业的精神

老年大学是为老年学员服务的机构。老年学员的立场、观点是老年教育工作的出发点和落脚点。老年大学的校长，必须牢固树立全心全意为人民服务、为老年学员服务的意识。要对老年学员有深厚感情，深怀爱老之心，恪守为老之责，远谋益老之策，多办利老之事，把为老年学员服务好作为谋划、开展、检验各项工作的出发点和落脚点；老年大学校长要密切与老年学员的联系，善于倾听老年学员的心声，关心老年学员的需求，诚心诚意为老年学员办好学校；老年大学校长还要带头开拓创新，注重研究老年教育发展的特殊性，把握规律性，着力解决制约老年教育发展的突出问题，勇于探索，大胆实践，不断推进老年教育理论、制度、机制创新，做出一流工作业绩。

（四）民主与法治意识

民主与法治是现代国家组织社会、管理社会的政治体制和治国方式。民主作为社会主义的本质特征，其核心是人民当家做主。民主与法治密不可分，法治是中国特色社会主义民主制度、经济制度与和谐的社会关系的保障。可以说，民主与法治是构建社会主义和谐社会的两大支柱。

老年大学校长只有具备民主意识，才能在管理工作中认真维护和执行民主集中制，在领导工作中坚持集体领导和个人分工相结合的原则，发扬民主，开展批评与自我批评。老年大学校长只有具备法治意识，才能在工作中严格、自觉地遵守国家的法律、法规和有关政策，形成遵纪守法的思想观念和行为习惯，通过依法治校，不断提升老年大学规范化水平。

（五）改革创新意识

改革创新始终是鞭策我们紧跟时代步伐、引领时代潮流的精神动力。在人口老龄化日趋严重的当下，老年教育事业的发展，关系着全国老龄工作的大格局。

作为老年大学校长，要大力弘扬与时俱进、锐意进取、勤于探索、勇于实践的改革创新精神，争当改革的坚定拥护者和积极实践者，要创造性地开展工作，提高履行岗位职责的能力，对老年教育发展中面临的矛盾和问题要积极面对，用积极的思维思考问题，克服因循守旧思想，密切联系本地区的实际，认真查找阻碍改革发展的思想观念、做法及规定，以及影响发展的体制弊端，找出加快本地区老年教育发展的重点和突破口。要善于把中央和省、市的方针政策与本地老年教育实际紧密结合起来，开创老年教育工作的新局面。

第二节　老年大学校长的职业道德

一、老年大学校长职业道德的概念

老年大学校长既是学校的组织者、管理者、经营者，同时又是一个老年教育工作者，因此，还应具有教师基本的职业道德。借鉴中小学校长的政治素质和教师职业道德规范，老年大学校长的职业道德可以是：职业态度、职业责任、职业纪律、职业技能、职业良心、职业作风等六大要素，这些要素从不同方面反映出老年大学校长职业道德的特定本质和规律，同时又互相关联，构成一个职业道德结构模式。

二、老年大学校长职业道德的养成

老年大学校长职业道德的养成，除了组织的培养，更主要是靠个人不断自觉地修炼。老年大学校长应围绕以上职业道德六要素，不断充实和完善自己，使自己不仅具备优秀的道德修养和职业素养，还具备老年教育工作者的高尚情怀和道德品质。自我修炼包括以下几个方面。

一是具有强烈的事业心和高度的职业责任感，要把老年教育事业当作党的一项重要事业来干，热爱老年教育事业，要为老年教育事业的发展、为老年大学办学水平和管理水平的提高，动脑筋，想办法，克服困难做好力所能及的一切工作。二是正确运用校长的职权秉公办事，不以权谋私，不滥用职权，自觉拒腐防变。三是谦虚谨慎，严于律己，善待学校领导班子中的每个成员，善待广大学员，不骄不躁，团结广大教职员工，共同办好学校。四是自觉遵纪守法，坚决带头执行学校的规章制度，清正廉洁。五是具备良好的思想作风和工作作风，富有理想，锐意进取等。

总之，老年大学校长是学校的灵魂，是学校发展的领头人之一，同时，校长又是一个有着广阔创造空间，可以发挥管理才能、聪明才智和精神力量的岗位，因此，更要具备职业道德，陶冶真诚的职业道德情感（职业正义感、职业责任感、职业义务感、职业良心感、职业荣誉感、职业幸福感），磨炼坚强的职业道德意志，确定坚定的职业道德信念，养成良好的职业道德行为习惯。

第十四章 老年大学校长的专业知识及其优化

第一节　老年大学校长专业知识概述

完善的知识结构是老年大学校长专业发展的前提和基础，构建科学的老年大学校长专业知识体系，有利于提高校长的个人能力，有利于规范校长的行为习惯，有利于促进学员、教师、管理人员的身心健康发展，最终有利于提高学校的教学质量，更好地引领老年大学发展建设。

一、老年大学校长专业知识及主要类型

（一）老年大学校长专业知识的概念

老年大学校长专业知识是在老年教育的情境下，老年大学校长开展工作所需要的专业知识，是对老年大学发展建设进行策划、决策、经营、管理等必备的知识，主要包含政治理论知识、管理

科学知识、教育科学知识及一般的科学文化知识。

老年大学校长专业知识不仅涵盖教育学、管理学、心理学等教学与管理方面的学科知识，还包含时事政治、老年教育政策理论、人文科学、生命科学等政治和科学理论知识；既区别于专门的学科知识，又是专门学科知识的延伸；既有专业性、综合性、指导性、操作性，又有时代性、政策性、科学性、实践性。完善的老年大学校长专业知识体系是老年大学校长顺应时代发展、进行学校发展建设、开展教育教学工作所必备的重要知识结构。

（二）老年大学校长专业知识的主要类型

学术界对知识的分类多种多样，同一种知识按其特点、适用范围也可以进行不同分类。老年大学校长专业知识的主要类型有如下几种。

1. 按照知识性质分类

可以分为本体性知识、条件性知识和实践性知识。本体性知识主要是指政治学科知识；条件性知识主要是指教育学和心理学知识，其中具体可以分成学生身心发展的知识、教与学的知识以及教学评价的知识；实践性知识主要是指在开展教育教学活动中解决具体问题的知识。

2. 按照表现形式分类

可以分为显性知识和隐性知识。显性知识主要是指教育和管理等专业理论、教师和学生发展、现代信息、科学与人文等方面的知识。隐性知识主要分为技术和认知两个层面，技术层面包括专业技能和经验，认知层面包括认知能力、价值观和思维模式。隐性知识是来自自身的，显性知识则依赖于对隐性的理解和运用。

3. 按照身份角色分类

可以分为作为教育者、领导者、管理者等不同角色应具备的专业知识。作为教育者应具备的知识主要包括课程设置、教学研究、师资建设等方面的知识。作为领导者应具备的专业知识主要包括政治理论、老年大学规划与发展的政策法规、人际沟通与交流等方面的知识。作为管理者应具备的知识主要包括队伍管理、学校管理、教学管理、教师和学员管理以及其他管人、管事、管物方面的管理知识。

4. 按照功能作用分类

可以分为学术性知识和一般性知识。学术性知识主要是指与教育教学、发展规划等方面相关的学术研究的专业知识；一般性知识主要是指人文、科技、生命健康等方面的广博的科学文化知识。

二、老年大学校长的专业知识结构

（一）马克思主义政治理论知识

老年大学校长作为教师队伍的领导者，马克思主义政治理论是其必备的基础知识。

一是马克思主义基本原理。主要包括马克思主义哲学、马克思主义政治经济学、科学社会主义三个部分，这三个部分互相联系构成一个有机整体。老年大学校长应多读经典原著及重要论述，学会用科学的世界观和方法论分析问题、解决问题，努力提高解决老年教育新问题的能力。

二是马克思主义中国化理论成果。毛泽东思想、邓小平理论、

“三个代表”重要思想、科学发展观、习近平新时代中国特色社会主义思想等理论是马克思主义中国化的理论精髓，是老年大学校长必须掌握的政治理论知识。全面、准确地把握马克思主义中国化理论成果的科学内涵，科学看待改革开放以来老年教育事业的发展历程，理顺老年教育发展过程中遇到的矛盾问题，更好地将理论运用于实践，推动老年教育事业实现新发展，使老年教育事业更好地适应社会主义现代化建设的需要。

（二）老年大学规划与发展方面的知识

规划是任何事物谋求长远发展的永恒话题。作为夕阳事业中的朝阳事业，老年大学需要用良好的规划与发展来满足新时代老年人的需求。作为老年大学的带头人、领路人，校长应该掌握以下相关知识。

从横向拓展的角度来看，一是要了解和掌握拓展老年教育发展路径的相关知识，包括如何丰富老年教育内容和形式、探索养教结合新模式、积极开发老年人力资源等。二是要了解和掌握加强老年教育支持服务的相关知识，包括如何运用信息技术服务老年教育，整合文化、体育、科技资源服务老年教育等。三是要了解和掌握促进老年教育可持续发展的相关知识，包括如何加强学科建设与人才培养、如何加强理论与政策研究和国际交流合作等。

从纵向深入的角度来看，一是要了解和掌握扩大老年教育资源供给的相关知识，包括如何发展城乡社区老年教育、促进各级各类学校开展老年教育、推动老年大学面向社会办学等。二是要了解和掌握创新老年教育发展机制的相关知识，包括如何鼓励社会力量参与老年教育、促进老年教育事业与相关产业联动等。

（三）老年大学管理相关知识

我国老年大学是伴随废除领导干部终身制、建立离退休干部制度而产生和发展起来的，自诞生起就具备了服务的基因。因此，在老年大学里，“服务老年学员”的理念一直是各校的办学宗旨之一，随着老年大学的发展以及现代服务意识的不断提升，学校管理工作错综复杂，难度加大，这就要求老年大学校长要具备学校管理方面的专业知识。

首先，老年大学校长需要了解学校管理的专业基础知识，包括学校管理的含义，学校管理手段、管理制度、管理程序及方法等内容。具体来说，在教学管理中，需要了解教学管理的主要内容（教学思想管理、教学组织管理、教学质量管理及教务工作管理）、主要原则（系统化原则、规范化原则、人性化原则等）、教学管理形式等内容。在教师管理中，需要了解教师的选拔、任用、培养、考评等内容。在学员管理中，要了解老年人心理、老年人保健等相关知识。

其次，老年大学行政管理从国家宏观管理体制上来看，是政府对各级各类学校的领导和规范；从微观层面来看，则是学校内部对人和物的管理。老年大学校长要了解我国老年大学的发展历史及现状，进而依据实际情况建立适合自身的管理制度。同时，微观层面的行政管理涉及面广，事多量大，作为管理者就必须了解办公室、人事、财务、预算、后勤等相关知识。

（四）老年大学学员身心发展的知识

在我国，绝大多数的老年大学都将入学年龄限制在退休年龄

(女 55 周岁，男 60 周岁)，也有一些学校将年龄放宽到 50 周岁，这就形成了老年大学的服务对象年龄跨度大、身心发展不平衡的现状。为了能够更好地履行校长职责，更好地为老年人提供优质的学习环境和服务，需要管理者更多地了解老年学员身心方面的知识。

从老年学员的身心特点来说，老年大学校长需要了解不同年龄段老年人的生理、认知、情绪等特征以及发展规律等相关知识。从老年学员的学习特点来说，老年大学校长需要了解老年人的智力和思维特征、学习动机、学习需求心理、群体心理等相关知识。除此以外，老年大学校长还需要了解心理学中的一些经典理论，如巴甫洛夫经典条件反射、认知学习理论、人本主义学习理论以及建构主义学习理论等知识。只有了解了学员身心发展的相关知识，老年大学的校长才能指导学校各部门根据这些特点设置课程，进行各项管理。

（五）老年大学课程与教学方面的知识

学校以教学为中心，课程是教学的依据和基础，两者紧密联系又有严格的区分。老年大学校长只有掌握课程与教学方面的基本知识，才能在老年大学的课程建设及教学方面给予更加专业的指导。

从课程和教学的基础知识来说，老年大学校长应该了解课程和教学的概念、本质、历史、现状及发展趋势，以及它们的基本理论等。从课程与教学的实施过程来说，老年大学校长还要了解课程及教学的操作系统，包括课程设置、实施、评价及改革等相关知识，以及教学实施策略、教学方法设计、学习方法指导、课堂管理、教学评价及反馈等相关知识。了解了这些知识，老年大学校长才能开展适合本校的课程及教学模式实践，从而促进老年大学教学软实力的提升。

（六）老年大学教师及师资队伍建设管理知识

老年大学教师的教育对象是老年人，因此，老年大学教师的专业发展有着特别的意义和特殊的要求。

对于老年大学教师专业发展，可以有两方面的解读。一方面是指老年教育整个行业的教师专业发展，这就需要老年大学校长了解教师专业发展的概念、发展历史、背景等基础知识，还有教师专业发展的相关理论、发展路径、评价与管理以及老年教育对教师的要求等相关知识。另一方面是指老年大学教师个人专业发展，它需要老年大学校长了解教师专业化的概念、含义、发展历史等基础知识，以及老年大学教师队伍的劳动特点和发展路径等相关知识。

除此以外，老年大学校长还需多阅读一些教育学方面的著作，如《学记》、夸美纽斯《大教学论》、赫尔巴特《普通教育学》、杜威《民主主义与教育》、凯洛夫《教育学》、科尔伯格《道德教育哲学》等，通过阅读这些著作，了解教师与教学的关系，帮助老年大学教师更好地实现专业化发展。

（七）人际沟通与交往知识

身为老年大学校长，要掌握一定的人际沟通与交往知识，学会与各类人“打交道”。老年大学校长的人际沟通与交往要注重根据不同受众和群体，采用差异化的沟通交往方式和方法。

从内部来说，老年大学校长面对的主要是学员和教职员工，这就要求其要具备深入一线群众中了解情况的“调研式”沟通知识。要掌握“润物细无声”的思想观念输入式的交流技巧，将自身的观念感悟通畅、顺达地传递给教职员工。

从外部来看，老年大学校长要与上级单位领导、兄弟单位同仁及与老年大学相关的各行各业人士有所联系，因此也应了解掌握跨地域、文化、层级背景下的人际沟通和交往知识，了解各行业、地域、层级的思维惯性与行为习惯，拉近距离，保持沟通。

（八）一般的人文和科学基础知识

作为老年大学校长，同时应具备人文情怀与科学精神，要掌握一定的人文和科学基础知识，并在实践中发挥其辅助性作用。主要包括以下几个方面。

一是法律法规知识，如老年人法案、老年人权益保障法及最新出台的民法典中涉及老年人的相关条款，在开展各类活动时做到依法办事。

二是历史文化知识，要了解老年教育发展历史，通过对历史的梳理总结掌握其基本发展规律，并用历史发展的眼光，结合实际情况审视自身，找出适合自身发展的路径，取长补短。

三是艺术知识，如书法、绘画、声乐、舞蹈等老年大学常规开设的专业科目相关内容，可以为开展教师选聘、课程设置等教学工作提供参考，也便于更好地贴近学员学习生活，掌握教学情况，保证教学成果的质量。

第二节　老年大学校长专业知识的优化

一、老年大学校长知识结构优化的概念与作用

（一）知识结构优化的概念

老年大学校长作为新时代老年大学的领导者、管理者，应具备政治理论知识、专业基础知识、管理科学知识等的知识结构。知识结构是老年大学校长经过学习培训后所拥有的知识体系，是其掌握的知识间的内在联系。合理的知识结构是担任老年大学校长的必要条件，是老年大学校长做好工作的基础。为适应新时代老年教育事业的发展需要，老年大学校长还应不断调整和优化自己的知识结构，形成合理的知识结构体系，成为老年教育事业发展所需要的专家型管理人才。

（二）老年大学校长知识结构优化的原则

1. 突出针对性

老年大学是以老年人为教育培训对象的，所以老年大学校长的知识结构必须针对老年人这个特定群体，掌握与老年人相关的知识，了解老年人的身心状况及实际需要，更好地服务老年人。

2. 突出权威性

老年大学校长首先应该是老年教育方面的专家，所以，应具备相关领域较前沿、较权威的知识，并且在实践中不断优化这些

知识，以促进老年大学各项工作的顺利开展。

3. 突出实效性

老年大学校长具有的知识，应该是与新时代老年教育密切相关的知识，以管用、够用、实用为根本，才能更好地把老年大学管理好、领导好。

（三）知识优化的作用

老年大学校长知识结构的优化能够促使其知识结构从经验型向科学型转变，从单一型向综合型转变，从粗放型向精专型转变，从传统型向现代型转变。这对于老年大学校长个人及工作来说，有以下几个方面的作用。

1. 知识更加全面

当今社会，科技日新月异，知识更新步伐加快。老年大学校长必须适应这一形势，不断优化知识结构，跟上时代发展步伐，以更好地承担老年教育领导者和组织者的重要职责。

2. 管理更加科学

老年大学校长知识结构的优化，能够促使其掌握较先进、较前沿、较现代的管理知识，保证校长对学校、对教师、对教学、对科研、对学员、对行政后勤等的管理更加科学规范，符合时代潮流。

3. 方法更加多样

老年大学校长知识结构的优化，可以改变单一的知识结构，形成综合型、一体化的知识结构，如掌握“互联网＋”“大数据”“多媒体”“人工智能”“云计算”等在老年教育领域的应用，使工作的方式方法、途径手段等更加灵活多样，效果更加明显，效率更高。

4. 人格魅力更加鲜明

老年大学校长的个人魅力，可以通过其知识结构的优化得以更好地提升。科学的政治理论知识、扎实的专业基础知识、卓绝的领导艺术、广博的社会知识等有机融合，形成合力，有利于提升校长的工作实效和人格魅力。

二、老年大学校长知识结构优化的主要途径

（一）在广采博取中实现对知识的融会贯通

在广采博取中整合各类知识，实现融会贯通，是知识结构优化的重要途径。要注意找准三个切入点。一是运用辐射思维。由点到面，从老年教育某一方面的知识向外辐射，进而学习与此相关的其他知识。二是运用辐集思维。对周围老年大学工作相关的知识对象进行辐集观察和思考，以形成对知识的聚焦。三是发现知识体系的结构脉络。各类知识虽然浩瀚无穷，但也有其内在的规律和联系，老年大学校长只有把具体的知识、孤立零散的知识点和知识碎片有机统一起来，进行整合，融会贯通，才能实现知识结构的最优化。

1. 学习是老年大学校长知识结构优化的最佳途径

在老年大学校长知识结构优化的过程中，学习发挥着重要的基础性作用。只有不断学习，才能成为一名爱学习、善思考，会学习、有目标的称职的老年大学校长。

2. 建立系统的老年大学校长培训机制

建立有效的培训机制，高质量、高效益的培训是促进老年大学校长知识结构优化的一个必不可少的条件。国家和地方有关部

门，应建立起长效的培训机制，探索与尝试新的培训模式。一方面要创造更多的培训机会，设计具有针对性和可操作性的培训内容，采用多种培训手段，提升培训效果。另一方面也要实行专业化、网络化和情景式、案例式培训。近年来，中国老年大学协会在此方面做了许多有益的尝试，取得了较好的效果。

3. 通过自我完善来实现老年大学校长知识结构的优化

老年大学的校长，还要不断地强化和完善自身的知识储备，促进自身知识结构的优化，使之不断适应新时代老年教育的发展。

（二）在学以致用中发现知识结构的短板

运用知识就是知识结构优化的最好表现形式，以此来检验知识结构优化的成果，及时补充完善相关知识，从而更好地促进知识结构优化。老年大学校长要把自身具有的知识进行整合优化，并运用到学校的教学管理中，以促进工作的顺利开展。

1. 搭建起老年大学校长工作交流平台，实现知识共享

一是各级党委、政府等老年教育主管部门应建立起行政层面的交流平台，如定期举行校长论坛、校长交流会、校长讲座等。二是发挥老年大学协会等社团组织的作用，开展校长培训，搭建起交流信息、借鉴经验的平台。三是利用现代网络技术手段，通过建立地域间、专业间、校际间的校长 QQ 群、微信群等进行视频交流、视频会议等，达到互相学习、互相参照、互相补充的目的。这些平台及活动，可以使校长借鉴成功经验或反思工作中的不足，逐步实现校长知识结构的优化。

2. 创造条件使老年大学校长多方考察、多岗位锻炼

目前来看，老年大学校长多由两类人员担任。一类是从领导

岗位或专业技术岗位上退下来的老同志。他们能客观地认识自身知识结构的短板，能自觉且有针对性地取长补短，实现知识结构优化。另一类是在职干部。这部分人需要在实际工作中进行历练，了解老年教育，了解老年人身心特点，掌握教学管理手段等。要创造条件为他们实地参观考察先进学校提供便利条件，还可以采取岗位挂职锻炼等方式，促进校长知识结构的优化。

3. 促进老年大学校长隐性知识显性化

老年大学校长的知识大部分是实践性的隐性知识。因而需要通过外化的方式将自身的隐性知识显性化。一是要注重合作与共享。不同校长个体及所在学校之间是存在差异的，通过积极交流合作，相互借鉴，扬长避短，是老年大学校长实现知识结构优化的有效途径。二是要注重吸纳和反思。老年大学校长只有通过对知识的不断吸纳和持续反思，才有可能真正形成具有专业性、针对性、实效性的知识结构，并将其转换成为他们工作中指导实践的知识来源。三是要注重知识的流动和转化。校长之间的交流和互动，往往比专家的指导和讲座更具实效性和针对性。实际上校长之间是同行，面临着共同的问题，各自具有个性的方法，只有通过交流互动，才能将不同个体优质的隐性知识经验进行有效的流动和转化。

（三）在具体的工作实践中促进知识结构的进一步优化

老年大学校长在实际工作中会感受到自身知识的不足，认识到自身知识存在的短板，从而找到知识结构优化的着眼点，有针对性地补短板，从主观上做到扬长避短、取长补短。从客观上看，老年大学校长拥有一定的知识储备，经过长期反复的学校管理活动，循环往复多次，随着实践的丰富和认识的提高，知识结构会不断得到优化。实践对于老年大学校长知识结构的优化具有特殊的重要作用。

1. 将知识运用到实践，以实践促进知识结构优化

对老年大学校长来说，工作实践是极为重要的。要把自身具有的知识应用到实践中，才能更好地获得实践经验，从而为校长隐性知识的形成提供物质前提和基础。积累经验、反思经验、优化经验、实施经验的过程，也是校长知识结构优化的过程。

2. 促进实践性知识的发展与完善

老年大学校长知识结构比较庞杂，而在实际工作中更多需要的是实践性的知识。必须对已有的知识进行清理、甄别和整合，以“有用、够用、好用”为原则，促进实践性知识水平的提升。老年大学校长知识结构的优化应该重视实践性知识的发展与完善，同时也要注重将学术性知识转换为实践性知识。

3. 在实践中创造出新的知识

老年大学校长知识结构优化，除了利用已有的知识外，还需要创造新的知识，特别是新的实践性知识。要深入实践，研究实际问题，从而产生高质量的新知识，要架通学术性知识与实践性知识之间的桥梁，对学术性知识进行应用性转化，产生新知识，从而更好地服务于老年教育管理实践。在新知识的产生过程中，应充分发挥校长的主观能动性。这不仅有利于新知识的产生，也有利于校长个人的发展。新时代老年教育发展要求校长注重行动研究，认识到校长既是实践者又是研究者，要积极反思，而不是被动地应用知识。这样，校长就由知识的消费者变成了知识的创造者、生产者。

参考文献

[1] 褚宏启. 校长专业化的知识基础 [J]. 教育理论与实践，2003.

[2] 赖晓杰. 校长专业化的隐性知识基础 [D]. 首都师范大学硕士学位论文，2006.

[3] 马丽，冯文全. 大学校长专业化的实现路径研究 [J]. 教育与教学研究，2014.

[4] 张艳艳. 提升校长职业能力促进校长专业化发展 [J]. 山西教育，2016.

[5] 陈禹. 专业化视角下的校长隐性知识显性化思考 [J]. 吉林省教育学院学报，2013.

[6] 周新民. 领导者核心能力 [M]. 北京：人民出版社，2009.

[7] 王道俊，郭文安. 教育学 [M]. 北京：人民教育出版社，2016.

[8] 杨德广. 老年教育学 [M]. 北京：人民教育出版社，2016.

[9] 姚若松. 老年教育心理学 [M]. 北京：北京师范大学出版社，2018.

[10] 伯克. 伯克毕生发展心理学：从青年到老年（第4版）[M]. 陈会昌，等译. 北京：中国人民大学出版社，2013.

第十五章
老年大学校长的专业能力

老年大学校长的专业能力主要指有效地开展学校管理工作所必备的一种个性心理特征和实际技能。老年大学校长的专业能力是校长角色实现的重要支撑，是其履行各项职责水平的决定性因素，一名专业化的校长必须具备与其岗位相匹配的专业能力。

第一节　老年大学校长的专业能力

从新时代老年大学的实际情况出发，老年大学校长应着力提高科学决策能力、依法治校能力、教育规划能力、组织管理能力、监督评估能力、协调沟通能力、教育研究能力、信息化能力、创新能力和风险防控能力等诸方面专业能力。

一、科学决策能力

老年大学校长的科学决策能力，是指校长在领导和管理老年大学的过程中，对某一方面问题进行科学的调查研究、分析判断、制订对策方案，并按照有关程序选择最优解决方案的能力。老年大学校长的科学决策，一般分为战略决策、日常决策（管理决策）和危机决策。战略决策是指对学校的办学思想、共同愿景、发展规划、课程总体设置等宏观层面的影响重大而深远的决策。日常决策（管理决策）是指在平时学校正常运转中的各项管理等微观层面的一般性决策。危机决策是指对给学校和相关人员带来危害的情境、事件的分析判断及应对处理的过程。提高校长决策能力要做到以下三个方面。

一是调查研究。调查研究是老年大学校长准确把握信息的重要法宝。调研首先要做好准备工作，提前学习有关老年教育的方针政策，科学编写调研提纲和方案；其次要深入调研，不仅要精准调查，还要深入分析研究，可以通过定性和定量研究法、系统研究法等方法，拓宽思路，找准解决问题的切入点和突破口；最后要善于研判，取其真知。调研中要善于提问，善于采纳各方意见，也可以提出自己的观点想法征求大家的意见，综合分析并做出正确的判断。

二是坚持民主集中制。凡属重大问题，要按照集体领导、民主集中、个别酝酿、会议决定的原则，由集体讨论、按少数服从多数作出决定。老年大学校长，一要带头增强民主集中制的意识，要有听取反对意见的胸怀，养成良好习惯；二要完善学校民主集中决策机制，科学制定好制度，并按制度操作，按制度办事；三要提高民主集中制的质量和效率。

三是区分轻重缓急。校长决策就是首先从“策”即众多“主意”中多选一，侧重于选主意、合主意；而重点在“决”，就是要断“主意”，要明确价值标准，基于价值判断，抓住最重要、最有用的东西，做出决定。但影响决策的因素是多方面的，如何对多种影响因素进行排序，是做出决策的关键。美国哈佛大学教授马克·穆尔提出的“三圈理论”决策模型对校长科学决策有借鉴意义。

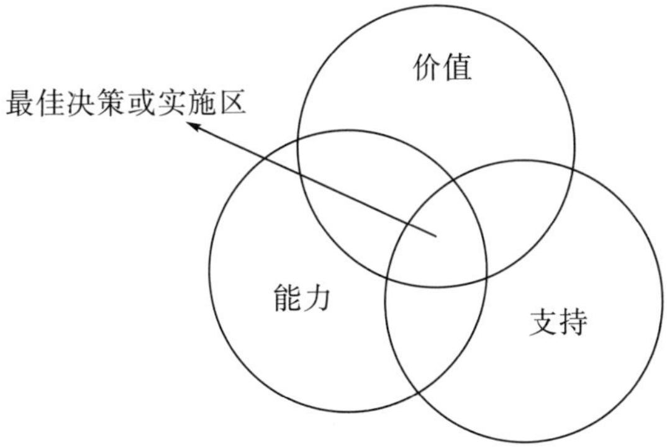

图 15-1　“三圈理论”决策模型

“三圈”是指价值圈、能力圈和支持圈。价值圈，就是指决策目标能否实现公共价值；能力圈，就是指决策方案是否可行；支持圈，就是指利益相关方是否支持。运用这个模型要突出价值导向，动态把握三圈变化，优选三圈重叠的方案，次选两圈重叠的方案，放弃只具备一圈的方案。对确有疑难的问题，可以向上级请示或暂时放一下，待条件成熟再拍板决策。

作为老年大学校长，要坚持准确掌握信息、坚持民主作风、区分轻重缓急、把握整体效用等原则进行科学决策。

二、依法治校能力

依法治校的本质是学校树立法治观念，在法治的轨道上开展教书育人、科学研究、管理服务和其他一切活动，目的是规范学校办学和管理行为，切实维护学校及师生的合法权益，营造良好的育人环境。校长作为学校的法定代表人，是将依法治校落实到位的首要责任人，校长应提高依法治校能力，推进学校工作法制化、规范化。

老年大学校长要认真贯彻落实《全面推进依法治校实施纲要》的要求，包括加强章程建设，健全学校依法办学自主管理的制度体系；健全科学决策、民主管理机制，完善学校治理结构；依法办学，落实师生主体地位，形成自由、平等、公正、法治的育人环境；健全学校权利救济和纠纷解决机制，有效化解矛盾纠纷；深入开展法制宣传教育，形成浓厚的学校法治文化氛围。比如老年大学一个不可回避的突出问题是老年大学学员年龄跨度大，许多人有老年慢性病和基础病，在校期间极易发生犯病、伤亡等突发性安全事件，如果处理不当会产生纠纷，影响学校稳定。为此，校长要依法建立和完善学校安全管理制度和突发事件应急处理机制；要充分运用法治手段，解决校园发生的系列问题。

三、教育规划能力

老年大学校长的教育规划能力，是指校长根据新时代老龄化发展和老年人精神文化需要，结合学校资源，对老年大学如何发展进行系统分析研判，科学规划一定时期学校办学目标、任务和特色，对学校发展规模、速度，资源配置、实施方法和措施等进行科学设计和筹划的能力，旨在以超前意识，有计划、有步骤地整合力量稳步推进学校的各项工作并取得更好效果。

因此，首先，校长要注重宣传和沟通，加强请示汇报，争取上级党委、政府的大力支持，将老年教育发展列入当地发展规划中。其次，校长要根据国家、省市等地方政府制订的老年教育发展规划，考虑制订本校发展规划，全面、系统、科学地做好一定时期的发展规划，如短期或中长期发展规划。立足实际不断创新，突出特色，打造品牌，制订高质量、可操作性强的发展规划。此外，制订的规划要具有前瞻性、战略性、整体性、科学性、可行性等特点。

四、组织管理能力

组织管理就是通过建立组织结构，规定岗位，明确责权关系，以使组织中的成员互相协作配合，有效实现组织目标的过程。老年大学校长的组织管理能力，是指为了有效实现目标任务，灵活地运用各种方法，把各种力量合理地组织和有效地协调起来的多种能力。其中包括整合学校各种资源的能力和善于用人的能力。

一是校长要善于整合校内外多种资源。整合干部、职工、师生的多种理念思路，整合组织管理的多种方法措施，整合步调和节奏，做到同频共振，拧成一股绳。如哈尔滨市以哈尔滨老年人大学为龙头，联合市广播电视大学、哈尔滨学院、各区县社区教育学院、各区县老年大学等63个成员单位成立了“哈尔滨老年教育集团”，确立了“1+X”老年教育办学体系，统筹全市老年教育的研究、业务指导、培训服务等，取得了良好成效。

二是校长要提高识人、用人能力，唯才是用，因事用人，人尽其才，发挥人才关键作用以推动学校高质量发展。校长首先要识别人才，善当伯乐；其次要对每个人才的长短之处了如指掌，才能知人善任，用人之长，用长避短。此外，要制订各类人才培养计划，尤其要有计划地培养锻炼青年人才，如有意识地培养锻炼教学管理、教研、学员管理、党建等人才。要善于发挥员工的优势，让他们做擅长的工作，并把工作做细。学会动态用人，注意换岗锻炼，使人才流动起来。

五、监督评估能力

监督评估能力指校长民主、公正、有效地对学校工作进行监督、考核、判断、评估的能力，主要包括对办学规划实施监测、教育教学督导评价、教职工考核评价、内部管理监督评估等。监督评估具有强大的导向力，监督强度、监督手段、评估水平、评估结果等都会影响到学校工作的开展。因此校长要提高监督评估能力。

以老年大学教师考核评价为例。老年大学教师绝大部分都是兼职教师，具有人员流动性大，年龄、职业、学历差别大，分布广等特点。校长在牵头组织教师考核评价时要对教师考评有明确定位，要坚持按劳分配、效率优先、兼顾公平，让考评发挥激励作用；在组织建立教师考评机制时要围绕教师的师德师风、教学质量、教学成果、科研能力等进行评价，侧重于对教师参与学校工作度、出勤率等方面的考核；还要将短期考核和长期考核相结合，结果性考核和过程性考核相结合，共性考核和个性考核相结合，学员评价和院系评价相结合，既让教师的工作得到公平公正的评价，又能突出个体差异，让每个教师都心悦诚服。

六、协调沟通能力

校长的协调沟通能力是指校长在日常工作中妥善处理好各种关系，传递信息，交流思想，使各方力量都能得到充分发挥，人力、物力、财力得到最佳结合的能力。按场域分，校长协调沟通能力主要体现在校内校外两个方面：校外与社会各界协调沟通，理顺学校与社会的关系，以扩大学校的影响力，获得更多的社会支持；校内沟通要做好与领导班子、干部职工、教师学员等的协调沟通，以发挥整体效应。按任务分，校长协调沟通能力包括人际关系协调能力和工作协调能力两个方面。校长具有协调沟通能力，则能够发挥引领、教育、激励、凝聚、促进等多方面作用。

老年大学校长协调沟通要注意以下三点。

一是坚持双向沟通原则。即坚持对话性、尊重性、换位性、引导性、双向性等。校长在协调沟通过程中不能一味地扮演传播者角色，还要接收反馈信息，注重换位思考和情感认同。

二是协调沟通要讲究艺术。如校长在协调人际关系时，对上级既要尊重维护，又要坚持原则；对下级既要严格要求，又要加强情感联络；对同级既要增进感情，融洽关系，又要正确把握竞争与合作的关系；对正副职关系，既要按职责规范行事，尽职而不越位，又要相互包容，支持维护。

三是运用多种协调沟通方法。根据协调沟通时运用介质的不同，可以将其划分为口头、书面、电子媒介协调沟通。还可以分为正式和非正式协调沟通。要根据具体对象和情况的不同，灵活采取合适的方式方法。

七、教育研究能力

老年大学校长应具备教育研究能力。老年大学校长通过教育研究，可以探知新时代老年教育规律，发现新情况、新问题，及时总结新经验，以此推动自身的教育实践和整体办学能力的创造性发展，同时校长带头进行教育研究，也能对本校研究人员和教师的研究工作起到引导和推动作用。

老年大学校长教育研究选题方向可以有：一是国家大政方针政策在本校的具体运用；二是将自己的实践问题转化为研究课题；三是在已有研究成果基础上寻找进一步研究的课题；四是根据自己的兴趣选择课题，如对老年大学教学的研究、课程的研究、学员作用发挥的研究等。在研究方法上，可以采用实证研究（如历史研究、调查研究、叙事研究）、理论研究和应用研究（如实验研究、行动研究）等开展教育研究。

八、信息化能力

教育部《教育信息化 2.0 行动计划》指出："人工智能、大数据、区块链等技术迅猛发展，将深刻改变人才需求和教育形态。智能环境不仅改变了教与学的方式，而且已经开始深入影响到教育的理念、文化和生态。"环顾老年教育，现代信息技术早已与老年大学密不可分，"5G 智慧校园"技术在学校业务管理、教学管理上大显身手，"网上老年大学"让老年人人人皆学，处处能学，时时可学。校长信息化能力既是一种能力，也是一个过程，是信息技术融入校长管理学校过程中所形成的一种较为复杂的能力，具有循序渐进、逐步提升的特点。老年大学校长信息化能力可分为以下几个方面。

一是规划设计能力。老年大学校长要结合老年教育和学校特点，以"互联网＋老年教育"的思维，对全校信息化建设进行全局性、长远性的思考和规划。重点推进信息技术与教育教学的深度融合，加强对教学信息化技术应用、教师信息化技术应用的规划设计。

二是组织管理能力。老年大学校长要统筹组织管理学校信息化工作。如，统筹组织信息技术在学校招生报名、教学事务、后勤管理等的实施运用，加大信息技术服务于学校工作的力度。加强学校信息化人才队伍组织管理，针对"智慧校园""空中课堂"等各类信息化平台系统，统筹专业人才做好工作。统筹信息化建设与学校文化建设共促发展，通过搭建学校网站、社交网络服务（SNS）平台公众号，丰富发展新时代老年大学校园文化。

三是评价推动能力。校长要及时组织对学校信息技术设备、平台、软件资源等的适用度、实用性进行评价，以促进信息技术有效配置和利用；组织对教师、学员、工作人员“三支队伍”信息技术的使用度、水平能力进行评价，以此调整相应的培养策略和管理机制。

九、创新能力

老年大学校长创新能力是指在领导和管理老年大学的工作中，在各个方面体现出来的新思路、新措施、新成就，并以此推动学校快速发展的能力。校长应牢固树立创新意识和批判意识，不断改善原有的经验性思维认知方式和行为习惯，着力从理念、机制、方式方法等方面提升创新能力。

一是理念创新。理念是看问题的思路、方式。校长要站在新时代全球化的大视野下，解放思想，与时俱进，善于更新老年教育办学理念，坚持科学发展，走高质量发展、品牌发展道路；树立长远发展的思想，制订学校发展规划，科学谋划学校发展。

二是机制创新。老年大学虽然发展起步晚，运作机制还不够完善，但创新发展机制的空间很大。老年大学机制创新要充分考虑与当地经济社会发展相适应，与老年教育发展水平相结合，同时充分考虑实际可操作性。

三是方式方法创新。老年大学校长要加强方式方法创新。一要摒弃墨守成规思想，淘汰不适合的方式方法；二要提升观察力，敏锐地发现社会发展的新思路、新方式、新成果，并注重其在老年大学中的运用。三要积极学习新技术、新知识。如新冠肺炎疫情期间，许多老年大学大力开设“网上课堂”，带动教师学习新教学技术，引导学员接受新学习方式等。

十、风险防控能力

老年大学校长的风险防控能力指具有对学校风险的预判能力和对危机的处置能力。老年大学因教育对象的特殊性、管理方式的独特性等，风险时刻存在，比如老师或学员在校突发疾病甚至死亡、流行病爆发、集体食物中毒、网络舆情、群体性上访等，不管是哪种风险的出现都在考验着校长的智慧和能力。习近平总书记指出，我们既要有防范风险的先手，也要有应对和化解风险挑战的高招；既要打好防范和抵御风险的有准备之战，也要打好化险为夷、转危为机的战略主动战。老年大学校长要强化风险意识，科学预见风险走势和其中隐藏的风险挑战，有针对性地做好防范和应对措施。

在老年大学办学过程中，风险无处不在，危机不可避免，校长一要善于从学校实际出发研究风险，对本校有可能存在的风险逐一列出；二要善于分析，找到风险产生的关键原因，针对事件紧急性和严重性，分析工作关键环节，划分至专人专项负责，校长要抓执行，从始至终的各环节都应有应对的措施和办法。

第二节　老年大学校长专业能力提升的途径

校长专业能力不是与生俱来的，需要后天的学习和历练。由于我国老年大学办学发展仅有三十多年历史，教育教学规律以及学校运行机制还在不断发展和探索中。与大中小学不同，老年大学校长来源渠道广，原先的知识和能力储备差异较大，而老年大学与其他学校管理又存在较大差异，因此，老年大学校长专业能力的提升更具必要性和紧迫性。

老年大学校长提升专业能力可以从以下三个方面入手。

一、主动发展，自我更新

老年大学校长专业能力提升的过程首先是校长主动发展、自我更新的过程，校长应自我加压，树立良好的进取精神。

一要正确认识自己。校长要正确认识自己的长处和短板，正确认识自己和社会、学校、师生员工之间的关系等，将对“自己”的正确认识融入“整体”中，在“整体”中获得“自己”的发展。

二要形成自我规划和提升的外在机制。校长要根据实际情况确定自我发展目标，并做好规划指导自己的行动。自我规划不是孤立的，而是要考虑与学校、集体、社会的共生发展。提升的外在机制包括制定理论学习制度、调查研究制度，以克服个人自由度和惰性的膨胀。通过长期持久的行动，可以由量的积累到质的变化，最终形成自觉的动力。

三要培养热爱老年教育的情怀。老年大学校长要在极强的责任心驱使下，培养对老年大学的兴趣和热爱，进而对老年大学产生深厚的感情，并激发这种浓厚感情，为这项事业努力奋斗。

二、积极上进，敏于学习

首先要树立终身学习理念。当今世界是个知识大爆炸的时代，新技术、新文化、新信息层出不穷，知识更新加速，现代支付、现代社交方式日新月异，不学习和慢学习都将被社会边缘化，不仅自己寸步难行，更无法领导和管理一所现代化老年大学；从另一个层面来看，老年大学是终身学习最为典型的代表，我们的学员们都在“活到老，学到老”，作为校长，又怎能不敏于学习，做“学习型校长”呢！

其次要明确学习目标和内容。英国哲学家培根（1561—1626）在《谈读书》中提到：“读史使人明智，诗歌使人聪慧，数学使人精细，哲学使人深邃，伦理学使人庄重，逻辑和修辞学使人能言善辩。”世间万物皆有可学，但作为老年大学的校长，学习的重点还是党和国家大政方针政策，老年教育发展的法律法规、政策规定，教育教学、服务、管理的规律性知识和兄弟学校先进的办学理念经验，新技术、新方法在现代教学和管理中的运用等。

最后要学会学习。一是持之以恒开展自学。老年大学校长可以选择合适的学习手段和方式进行自学，但自学难免枯燥，难以持久，要克服学习中的消极因素，激发学习动力，久久为功，学习效果才会显现。二是积极参加培训。科学系统的培训是校长专业能力提升的捷径，老年大学校长要善于利用培训来为自己充电，补充能量，从而达到用较少的时间和精力获得较大的学习收益和较快的学习效果。三是搭建学习团队。校长个人要学习，还要带动单位学习，通过校长示范引导和机制建设等多种途径，培养教职员工自主学习和团体学习的良好习惯，形成浓厚的全校学习气氛，以学习促工作，以工作促学习。校长搭建学习团队必须与老年大学的自身情况紧密结合，突出实效。设定共同的学习目标，创新学习方法，充分利用网络的高效便捷优势，建立网络自主学习和合作学习模式，把读书看报与参观考察结合起来，将理论与实践结合起来。

三、行思合一，强化提升

实践和反思是校长专业能力提升的两条重要途径，两者相辅相成，共同促进校长专业能力的提升，正如《义务教育学校校长专业标准》中对校长专业能力所强调的，“坚持实践、反思、再实践、再反思，强化专业能力提升”，老年大学的校长要成为反思的实践者。

实践是校长在领导和管理中的具体行动。校长实践的内容非常广泛，就老年大学来说，离退休老同志的思想政治教育、教师队伍建设、教学质量管理、学员队伍建设、服务和管理的完善、离退休老同志作用的发挥、正能量活动的开展等都是需要通过实践来探索和加强的。校长实践的途径，一是要走进课堂，了解课堂。教学是老年大学的中心工作，老年大学的服务管理都围绕教学展开，校长以课堂为“窗口”，对老年大学的教育教学做到心中有数，才能成为管理老年大学的内行。二是要敢于创新。创新是老年大学发展的动力，作为校长要树立创新理念，创新工作思路，探索创新措施，在创新中学习，在学习中创新。当前，要围绕老年大学办学规范化建设，满足更多老年人精神文化需要，向着老年教育现代化发展目标大胆试大胆闯。三是要善于开展实践研究。没有实干精神不行，但若只会低头走路，不会抬头看路，也必定会碰壁，甚至出现危险。因此，要养成研究问题的习惯，要建立研究问题的机制，做到行思结合，知行合一。

反思是校长对自己所做、所想的一种回顾、思考、反省、领悟和升华。老年大学校长反思的内容是多方面的，如对观念的反思，反思自己的办学愿景、管理理念、教师观、学员观等；对实践的反思，反思在领导和管理学校过程中的行为。校长反思的方式是多角度的，一是工作反思，校长思考在老年大学日常教育领导和管理工作中所发生的事情和遇到的问题，总结经验教训，提出问题的解决方法。二是写作反思，校长通过教育日记、教育自传、教育博客（公众号）等形式，对自己和自己的工作进行记录并加以剖析、思考，同时也可以记下自己的新观点、新想法。校长的反思可以是个人化的自我反思，也可以与同行（如专家、其他校长等）、集体（如学校领导班子、教职员工等）共同进行反思，其最终指向都是解决问题，推动实践。

附　录

国家有关老年教育的法律、法规、政策摘编

1. 国务院办公厅转发文化部、国家计委、财政部《关于进一步加强基层文化建设指导意见》的通知（国办发〔2002〕7号）

关于进一步加强基层文化建设的指导意见

二、加快推进基层文化设施建设

（三）文化设施是开展群众文化活动、传播先进文化的重要阵地，中央和地方各级人民政府要加大投资力度，加快文化设施建设，满足广大人民群众就近、经常和有选择地参加文化活动的需要。城市要在搞好群艺馆、文化馆、图书馆建设的同时，加强社区和居民小区配套文化设施建设，发展文化广场等公共文化活动场所。要在现有公共服务设施中开辟老年、少儿和残疾人文化活动场所，建设老年文化活动中心、老年大学（学校）、青少年校外文化活动设施和场所。要努力实现“县县有文化馆、图书馆”的目标。经济条件较好、人口规模较大的县可分设文化馆、图书馆；

经济欠发达、人口规模较小的县可将文化馆、图书馆合二为一建设。农村要因地制宜建设乡镇文化站和村文化室；地广人稀、人口分散的少数民族地区、边疆地区、边远山区和农牧区要积极发展流动文化车、汽车图书馆和流动剧场等。全国万里边疆文化长廊建设要落实文化设施建设任务。民政部门实施的“星光计划”，要将资金落实到社区老年活动设施建设上，促进社区老年活动的开展。

2. 全国人民代表大会常务委员会关于修改《中华人民共和国教育法》的决定（附2015年修正本）

六、将第十九条改为第二十条，修改为：“国家实行职业教育制度和继续教育制度。

“各级人民政府、有关行政部门和行业组织以及企业事业组织应当采取措施，发展并保障公民接受职业学校教育或者各种形式的职业培训。

“国家鼓励发展多种形式的继续教育，使公民接受适当形式的政治、经济、文化、科学、技术、业务等方面的教育，促进不同类型学习成果的互认和衔接，推动全民终身学习。”

3.《中华人民共和国教育法》（2015年修正）

第九条　中华人民共和国公民有受教育的权利和义务。公民不分民族、种族、性别、职业、财产状况、宗教信仰等，依法享有平等的受教育机会。

第十条　国家根据各少数民族的特点和需要，帮助各少数民族地区发展教育事业。

第二十六条　国家制定教育发展规划，并举办学校及其他教育机构。国家鼓励企业事业组织、社会团体、其他社会组织及公民个人依法举办学校及其他教育机构。国家举办学校及其他教育机构，应当坚持勤俭节约的原则。以财政性经费、捐赠资产举办或者参与举办的学校及其他教育机构不得设立为营利性组织。

第三十条　学校及其他教育机构应当履行下列义务：

（一）遵守法律、法规；

（二）贯彻国家的教育方针，执行国家教育教学标准，保证教育教学质量；

（三）维护受教育者、教师及其他职工的合法权益；

（四）以适当方式为受教育者及其监护人了解受教育者的学业成绩及其他有关情况提供便利；

（五）遵照国家有关规定收取费用并公开收费项目；

（六）依法接受监督。

第三十七条　受教育者在入学、升学、就业等方面依法享有平等权利。学校和有关行政部门应当按照国家有关规定，保障女子在入学、升学、就业、授予学位、派出留学等方面享有同男子平等的权利。

4. 国务院办公厅关于印发《老年教育发展规划（2016—2020年）》的通知（国办发〔2016〕74号）

5. 国务院关于印发《“十三五”国家老龄事业发展和养老体系建设规划的通知》（国发〔2017〕13号）

第八章　丰富老年人精神文化生活

第一节　发展老年教育

落实老年教育发展规划，扩大老年教育资源供给，拓展老年教育发展路径，加强老年教育支持服务，创新老年教育发展机制，促进老年教育可持续发展，优先发展城乡社区老年教育，促进各级各类学校开展老年教育，部门、行业企业、高校举办的老年大学要进一步提高面向社会办学开放度，支持鼓励各类社会力量举办或参与老年教育。实施社会主义核心价值观培育、老年教育机构基础能力提升、学习资源建设整合、远程老年教育推进等计划。到 2020 年，基本形成覆盖广泛、灵活多样、特色鲜明、规范有序的老年教育新格局。全国县级以上城市至少应有一所老年大学。

老年教育机构基础能力提升计划：改善现有老年大学（学校）办学条件。建设一批在本区域发挥示范作用的乡镇（街道）老年人学习场所。改善基层社区老年教育机构设施设备，建设好村、社区老年学习点。探索“养、医、体、文”等场所与老年人学习场所的结合。开展养教结合试点。编辑出版有时代特色、科学内涵、文化品位，适应社会需要的老年教育系列教材。

6. 国务院办公厅《关于制定和实施老年人照顾服务项目的意见》（国办发〔2017〕52 号）

（十八）推动具有相关学科的院校开发老年教育课程，为社区、老年教育机构及养老服务机构等提供教学资源及教育服务。支持兴办老年电视（互联网）大学，完善老年人社区学习网络。鼓励社会教育机构为老年人开展学习活动提供便利和优惠服务。

（十九）老年教育资源向老年人公平有序开放，减免贫困老年人进入老年大学（学校）学习的学费。提倡乡镇（街道）、城乡社区落实老年人学习场所，提供适合老年人的学习资源。

7. 2018 年 1 月，全国老龄办印发了《关于开展人口老龄化国情教育的通知》（全国老龄办发〔2018〕6 号）

8.《中华人民共和国宪法》（2018 年修正）

第十九条　国家发展社会主义的教育事业，提高全国人民的科学文化水平。国家举办各种学校，普及初等义务教育，发展中等教育、职业教育和高等教育，并且发展学前教育。国家发展各种教育设施，扫除文盲，对工人、农民、国家工作人员和其他劳动者进行政治、文化、科学、技术、业务的教育，鼓励自学成才。国家鼓励集体经济组织、国家企业事业组织和其他社会力量依照法律规定举办各种教育事业。国家推广全国通用的普通话。

第二十四条　国家通过普及理想教育、道德教育、文化教育、纪律和法制教育，通过在城乡不同范围的群众中制定和执行各种守则、公约，加强社会主义精神文明的建设。国家倡导社会主义核心价值观，提倡爱祖国、爱人民、爱劳动、爱科学、爱社会主义的公德，在人民中进行爱国主义、集体主义和国际主义、共产主义的教育，进行辩证唯物主义和历史唯物主义的教育，反对资本主义的、封建主义的和其他的腐朽思想。

第四十四条　国家依照法律规定实行企业事业组织的职工和国家机关工作人员的退休制度。退休人员的生活受到国家和社会的保障。

第四十五条　国家和社会帮助安排盲、聋、哑和其他有残疾的公民的劳动、生活和教育。

第四十六条　中华人民共和国公民有受教育的权利和义务。国家培养青年、少年、儿童在品德、智力、体质等方面全面发展。

第四十七条　中华人民共和国公民有进行科学研究、文学艺术创作和其他文化活动的自由。国家对于从事教育、科学、技术、文学、艺术和其他文化事业的公民的有益于人民的创造性工作，给以鼓励和帮助。

9.《中华人民共和国老年人权益保障法》（2018 年修正）

第十条　各级人民政府和有关部门对维护老年人合法权益和敬老、养老、助老成绩显著的组织、家庭或者个人，对参与社会发展做出突出贡献的老年人，按照国家有关规定给予表彰或者奖励。

第十一条　老年人应当遵纪守法，履行法律规定的义务。

第五十八条　提倡与老年人日常生活密切相关的服务行业为老年人提供优先、优惠服务。

第六十六条　国家和社会应当重视、珍惜老年人的知识、技能、经验和优良品德，发挥老年人的专长和作用，保障老年人参与经济、政治、文化和社会生活。

第六十七条　老年人可以通过老年人组织，开展有益身心健康的活动。

第七十二条　国家和社会采取措施，开展适合老年人的群众性文化、体育、娱乐活动，丰富老年人的精神文化生活。

10. 中共中央办公厅、国务院办公厅印发《加快推进教育现代化实施方案（2018—2022 年）》

十是深化重点领域教育综合改革。加快重点领域和关键环节改革步伐，为加快推进教育现代化提供制度支撑。积极稳妥推进考试招生制度改革，坚定高考改革方向，完善普通高中学业水平考试制度，进一步推进学术学位与专业学位硕士研究生分类考试，完善博士研究生“申请一考核”和直接攻博等选拔机制。完善民办教育分类管理，全面落实民办教育促进法，修订民办教育促进法实施条例，积极鼓励社会力量依法兴办教育，促进民办教育持续健康发展。加快构建终身学习制度体系，加强终身学习法律法规建设，搭建沟通各级各类教育、衔接多种学习成果的全民终身学习立交桥，加快发展社区教育、老年教育，深入推动学习型组织建设和学习型城市建设。深化教育领域放管服改革，深化简政放权、放管结合、优化服务改革，推进政府职能转变，构建政府、学校、社会之间的新型关系。推进学校治理现代化。

11. 国务院办公厅《关于推进养老服务发展的意见》（国办发〔2019〕5号）

第五章（二十三条）　大力发展老年教育。优先发展社区老年教育，建立健全“县（市、区）—乡镇（街道）—村（居委会）”三级社区老年教育办学网络，方便老年人就近学习。建立全国老年教育公共服务平台，鼓励各类教育机构通过多种形式举办或参与老年教育，推进老年教育资源、课程、师资共享，探索养教结合新模式，为社区、老年教育机构及养老服务机构等提供支持。积极探索部门、行业企业、高校所举办老年大学服务社会的途径和方法。（教育部、卫生健康委、中央组织部、民政部按职责分工负责）

12. 2019年11月，国家印发《国家积极应对人口老龄化中长期规划》

后 记

《新时代老年大学校长读本》是中国老年大学协会首批启动的五门通识教材之一。该书坚持以习近平新时代中国特色社会主义思想为指导，以培养新时代“三有”老人为价值目标，遵循理论与实践相结合、国内与国外相结合、历史与现实和未来相结合的原则，梳理了中国老年教育发展的历史、现状与未来趋势，展示了国际老年教育发展的基本情况，系统阐述了老年教育和老年大学课程教学和管理等方面的基本理论和实践探索，对老年大学校长应具备的专业素质作了深入探讨。该书从多维度诠释了新时代人口老龄化国情背景下老年大学校长的使命担当和治校方略，它的出版必将对老年大学校长和管理者丰富知识、更新理念、开阔视野产生积极影响；也将对提高老年教育主管部门的治理能力和治理水平起到重要推动作用。它既可以作为对老年大学校长和管理者培训的教材，也可以作为老年教育工作者和老年教育研究者的参考书。

本书由中国老年大学协会常务副会长、教材指导委员会主任刁海峰担任主编，全国 15 个省、市老年大学校长和专家共同编写。

本书邀请陈先森、杨根生、杜英杰、董月星、周辉义、宋铁鹏、黄向阳、刘英等同志作为评审专家，邀请张吉云、杨文生、缪德良、伍敏、陈良凤、彭初阳、龚宁川、安守山、唐新平、徐冬云、唐姿文、高洁、黄钧、曹瑞、安俊、杨海东、刘钢、任继民等同志对书稿进行了审读。

参与本书体系设计、大纲研讨和编写的同志还有（按姓氏笔画排序）王远、王卫东、王太进、王志强、王国新、王春霞、王雪琼、田超、邢智勇、刘利娜、刘哲新、刘根海、江丽、安梦迪、孙登成、李萍、李春华、李政宁、李福生、肖健、吴彦云、吴澄清、张飞、张宇、张艳、张起、张婷、张广睿、张友谊、张玉琼、张光军、陈征、陈琦、林森森、罗淑芳、岳瑛、周延军、周朝东、孟凡军、查海波、钟旭秋、施永达、贾文娟、贾秀总、徐隽、徐晓茜、渠崎、葛卫卫、覃晓思、曾科、雷军、詹沧洲。他们提出了许多中肯的建议。我们在此对各位专家、领导的辛勤付出表示衷心的感谢！

中国老年大学协会通识教材的编写出版工作尚属首次，仍处于探索阶段，加之编写者学识和能力有限，书中难免存在疏漏和不足之处，恳请专家、同行和读者批评指正！

本书编写组
2020 年 9 月 17 日